國中會考

閱讀素養課

【修訂版】

梁虹瑩◎著

晨星出版

作者序　4

修訂序　7

推薦序

　　台北市景興國中　蕭千金　10

　　台北市格致國中　詹馨怡　13

　　【真識】知識內容服務機構　謝宇程　15

前言　18

使用說明：給教師、給家長、給學生　22

雲端題庫下載　27

壹、基礎理論篇

一、總論

（一）其實是大型閱讀測驗——會考試題分析　30

（二）到底要怎麼應付多元題型？——閱讀理解能力的培養　35

（三）這樣看題目，標準答案就出現！——應試技巧解析　45

二、白話閱讀題型

（一）如何看懂句義？——短句類思考路徑　52

　▪ 牛刀小試：短句句義詮釋　62

（二）怎麼找到關鍵句？——段落類思考路徑　65

　▪ 牛刀小試：段落要旨詮釋　81

（三）落落長一段，重點在哪裡？——題組類思考路徑　84

　▪ 牛刀小試：題組文章閱讀　92

（四）圖文結合看不懂？——圖表類思考路徑　96

　▪牛刀小試：圖文判讀練習　98

三、文言文閱讀題型

文言文為何難讀懂？——文言文能給我們的思考訓練　101

　▪牛刀小試：文言文深度閱讀　131

四、韻文閱讀題型

韻文的美，怎麼看？——韻文閱讀題型的基礎能力訓練　134

　▪牛刀小試：韻文深度閱讀　139

貳、實作練習篇

綜合練習一　144
綜合練習二　172
綜合練習三　200
綜合練習四　227

參、結論

結論　258

附錄

評量指引　262
參考答案　269

作 者 序

十年前還在北政國中時，身為國文科領域召集人的我，必須協助當時身為教學組長的詹馨怡老師處理優良學校的資料彙整。我們將當時用心做的閱讀課程教材集結成一個個資料夾，作為北政閱讀教育的成果。然而在評選當天，身為委員之一的黃淑馨校長看了我們閱讀教育資料後，問了一句很關鍵的話：「可以看出你們想讓孩子閱讀更多東西，不過你們有教孩子怎麼讀嗎？」當時對北政閱讀課程信心滿滿的我和馨怡老師兩人，當場楞在現場，回答不出這個問題。後來，馨怡老師默默地對我說：「嗯，對啊，這真是一個好問題，不過，到底要怎麼教孩子『閱讀』？」

這或許是埋下我轉向閱讀教育的一個起點，從此之後，這句話好像埋在我和馨怡老師心中，我們開始從不同的路徑去研究「閱讀怎麼教」。但除此之外，還有一個更實際的原因讓我積極轉向。

因為北政是間小校，老師必須跨年級教，所以我在北政的五年中，竟有連續四年在協助九年級生應考。在這個協助孩子應考的過程中，我發現大考的主要目標早就定調在「閱讀理解能力」中了。在一年一年這樣的經歷，我越來越不能接受自己在講台上跟孩子們說：「這題很重要喔！這種題目會考。」但我心裡知道這種題目在大考中不太可能出現。當我發現自己教了三年的東西竟然都不太會出現在大考中，我開始尋找新的教學目標和方向。

經歷這些思考和歷程，我發現「閱讀理解能力」乃至「閱讀素養」本應是國文一科的首要任務。如果我們在教育現場能致力於培養孩子這樣的能力，不但能奠定孩子應試的能力，更能培養孩子足以面對未來任何改變、讓自己終生學習的能力。因此，我在學校的後兩年實驗

出有效的閱讀理解教學技巧後,便走向坊間,開始我的讀寫教育之路。

因為後來的讀寫教學經驗,我也常進學校向老師們分享何謂「素養導向的閱讀與寫作教學」,然而無論如何,我仍舊知道老師們不可能花太多的時間心力在額外的課程上面,因此我研發了許多能夠有效融入課程中的教學方法,其中之一便是這套運用會考試題來訓練孩子們閱讀理解能力,甚至寫作表達能力的教學模式。

其實這個概念也非我草創,這是我在景興國中任教時,景興國中的國文名師蕭千金老師給我的概念。她當時對我說:「我跟妳說喔,幫九年級準備考試時,我就用一招:我把會考題目變成問答題,放在聯絡簿裡給他們練習回答,就這樣,超有效果!」到底多有效果,需要交給千金老師說,但她手下任教班的國文成績的確亮眼得驚人,而她這句話也開啟了我的這個想法。

在我幾年的閱讀教學之下,我自然知道這種做法有效的原理原則,然而無論我跟別人說可以這麼做,還是很少有老師可以照做。於是我想:「這樣吧,既然知道這的確是個可行的方式,不如我幫老師們直接把會考題變成問答題,讓老師們有教材可以直接操作,而我只要把其中的教學原理和其心法和老師講解清楚便行,如此一來,老師們應該就有機會循著這個方法好好前進了吧?」

於是,我開始將會考題一一出成問答題,再融合我的整套閱讀教學原理,變成一個一個步驟告訴老師們可以怎麼做,從教學工作坊到一個一個研習,最後,再到這本書,期待能讓這套有用的方法展現到更多人面前,讓更多孩子運用更少的時間、更少的心力,進行精緻而有效的學習,真正的培養起自己的閱讀理解能力、寫作表達能力,養成正確的思考技巧,乃至培養出自己的閱讀素養。

在我這些年於坊間的閱讀教學中,在在見證著,其實所花的時間心力未必要很多,只要能循著正確的方式、好的教材反覆練習,孩子

的閱讀理解能力和學習力是可以被快速地培養起來的。在我小三至小六的閱讀理解班中，許多來上課的孩子都是抓不到重點的孩子，但在十堂兩個小時的課程中，他們的進步多半會讓家長、孩子自己都感受得到，許多孩子甚至因為閱讀理解能力的增加，讓他對閱讀更有自信心也更有興趣，開始進入喜歡閱讀的世界。然而孩子如果能在國小時即時奠定自己的閱讀理解能力基礎是最好的，如若不行，進入到國中又有什麼補救之方呢？

就我看來，這本書所提供的一切就是良好的解方，一面培養孩子的閱讀理解能力與寫作表述能力，一面培養孩子的應試能力，讓孩子有足夠的能力足以應付會考以致學測、指考。只要開始，就永遠不算遲。前進的過程或許不容易，但只要努力堅持下去，真正掌握了閱讀理解的思考方式，未來無論是閱讀、理解，以至多元深入思考對每一個孩子來說，就會變得容易許多。

孩子們，請出發吧！學習仍須靠自己，接下來的路，請你為自己努力。

修訂序

　　自本書上市後，教師研習邀請增加，我獲得了更多跟老師們交流的機會。此外，和這本書相應的課程也展開，我終於有機會將這套系統完整地實施在學生身上，這為我帶來許多驚喜。

　　延著本書開設的課程分為白話文和文言文兩系列，白話文課程主攻學生的白話文閱讀理解力，讓孩子們在讀題、抓重點時更精確；而文言文課程除了訓練孩子們的文言文翻譯能力，也加入許多閱讀策略，以增進學生的文言文閱讀力。讓我驚訝的是，兩門課程的成果都相當卓越，對學生在回答閱讀題型的協助遠比我想像中更大。一般而言，學生以句義題型練習「句義理解」，再以段落題型練習「掌握關鍵句」後，無論在讀題速度與答題精準度上，皆能獲得自己也有感的提升。而在上完完整課程之後，回答閱讀題目對孩子們不再成為困擾，他們在國文科學習上也獲得更大的自信，也更能輕鬆面對毫無範圍的國文會考考題。

　　在第一輪課程中，有位家長回饋了一個孩子的學習趣事。這個孩子原本國語文成績一般，國小時回答閱讀題型較易出錯，沒想到來上了幾堂課後，面對升上國中的第一次段考，國文閱讀題型居然全對，孩子覺得很神奇。接著在第二次段考中，孩子決定做個實驗：他會憑自己原先的思路選出一個答案，再根據梁老師的教學指導選一個答案，如果答案不同時，他就依照自己原先的思路答題。沒想到成績公布，第二次的段考成績令他相當不滿意，他發現錯的大抵上都是按照自己思路答題的那些，而按照我的教學思路選出的才是正確答案，然後他得到一個結論，就是：我們還是要尊重專業啊！於是在最後一次段考，他按照我所教的方式答題，就考出了自己滿意的成績。

這件事情是在白話文課程上完後，他拿自己三次段考做了實驗後告訴媽媽，媽媽覺得很有趣，才轉述給我聽，我聽了大為驚奇。令我驚奇的不只是這孩子真的拿自己的成績幫我做了一個實驗，他還能釐清「他原來的答題思路」和「梁老師教學思路」的差異，這正印證了這本書和這個課程想告訴大家的事，就是：一個人的「閱讀思考模式」是可以、甚至也需要被訓練的。

　　許多學生在閱讀文章時，因為無法正確掌握文章的主要訊息，反被次要訊息誤導或誘導，因此無法對文章進行最精確的理解，也容易被選項誘答，這是許多學生在「二選一」時總容易選錯的原因。反之，倘若學生能正確掌握該題幹的主要訊息和概念，就能迅速選出最相應的正確答案，這也是目前的閱讀題型能檢測出一般學生閱讀理解能力的原因。所以，所謂良好的閱讀能力，亦即一個人掌握關鍵詞、句，進而進行詮釋的能力。而透過本書的提問設計，正好可以訓練學生直接提取句子、段落、文章中的關鍵詞、句，進行意旨的摘要、詮釋、分析。如此往復，多練習幾次，學生的閱讀理解能力就能快速地被訓練起來。

　　而思考步驟的精簡易懂也是必要的。在喜閱樹的課程中，我按照這本書的「思考步驟」給予孩子們指引，帶著孩子們一步一步找到關鍵詞、句，進而練習詮釋，形成一個完整的讀寫訓練。而孩子為了更完整地用文字詮釋意涵，他們的文字運用的精巧度和思辨力也能因此提升，和我的教學形成一個往來有機的互動。而我在課程中，也發現少數需再增加的思考步驟，以及如何將文言文題目結合閱讀策略更加精緻化，這些部分也變成本書的改版重點：

1. 句義詮釋部分，增加文學性句子的詮釋法
2. 文言文題型中，加入「圈補主語」和「摘要重點」的步驟練習
3. 增加 110~112 年的題目，使題庫更加充實

　　很高興在本書出版的兩年多中，也獲得不少老師的支持與回饋，曾有老師來信言明，我的這套教學、思考策略十分有效地給予他相當精確可實施的步驟指引，讓他們的孩子不論在哪個程度上都能獲得進步。其實，在本書上市之時，雖知這些是我尋找已久的答案，但我所提出的論點、步驟仍須被檢驗，對此我也戰戰兢兢。兩年多過後，我看見這套結構式的教學方式的確幫助了許多老師和學生，甚至有些學生可能只聽了單場演講，都覺得在解題上獲得明確方向，對會考準備大有幫助，這些回饋都讓我相當動容。

　　我將自己這兩年多的進步與收穫也編寫進本書的改版中，期待新加入的**文學句子句義詮釋方法、文言文題型改版和新增加的題目們，**都能如新一波的能量庫，為老師們注入、增添更多的教學能量。也期待更多老師們加入素養導向的教學模式，用更有效的方式帶領孩子思考、學習，讓學生們在課堂上活起來，也真正為自己奠定思考、應考的能力。

2023/9/21

* 白話文／文言文課程相關師訓課請參照：
https://readthinktree.org/CAPforteach/

推薦序

泰戈爾曾經寫過一首詩：

「在那裡，心是無畏的，頭也抬得高昂；

在那裡，知識是自由的；

在那裡，世界沒有被狹小的國家的牆隔成片段；

在那裡，話從真理的深處說出；

在那裡，不懈的努力向著「完美」伸臂；

在那裡，理智的清泉沒有沉沒在積習的荒漠中；

在那裡，心靈是受你的指引，走向那不斷寬廣的思想和行為。」

在閱讀的世界中有無限可能，因此閱讀能力越強的人，越有能力蒐集、理解、判斷資訊，以達成個人目標、增進知識、開發潛能，並運用資訊，有效參與現代社會的複雜運作。

學生若要靠自學獲得有用的知識和資訊，最方便的捷徑就是仰賴「閱讀理解能力」，而「閱讀理解能力」若能透過「學習與指引」必能縮短時間獲得與養成。因此學生於學習之路極需老師替他們搭起學習的橋樑與鷹架，建構他們有力的閱讀城堡。

學校和教室是由老師憑藉教學與經驗形塑文化和學習的內涵，對各科教師而言，學生閱讀理解能力的養成已是當前教學首重之務。其中又以國文教師若能專業落實「**閱讀理解策略**」的指導，培養學生搜尋資訊；正確解讀、判斷資訊和理解的能力並讓學生進行深度思考，能表述觀點和意見，就是幫學生裝載好思考與判斷的翅膀了！

　　十二年國民基本教育本於全人教育的精神，以「**自發**」、「**互動**」、「**共好**」為基本理念，因應十二年國教的 108 課綱以「核心素養」做為課程發展之主軸，「核心素養」是指一個人為適應現在生活及面對未來挑戰，所應具備的知識、能力與態度（教育部，2014）。因此核心素養也回應基本理念—「自發、互動、共好」而分為三大面向：「自主行動」、「溝通互動」、「社會參與」，此三大面向再細分為九大項目，並強調素養是與生活情境有緊密連結與互動的關係。

　　三大面向中的「自主行動」定義為「個人是學習的主體，學習者應選擇適當的學習方式，進行系統思考以解決問題，並具備創造力與行動力。」

　　虹瑩老師書寫的這本書即是扣緊「**個人是學習的主體，學習者應選擇適當的學習方式，進行系統思考以解決問題**」這理念而精心寫成。在十二年國教的世紀工程當中，其中一項配套措施之一就是國中教育會考。教育會考的施行，想要引導我們的下一代能主動且積極的獨立思考與問題解析，如此新一代的素養是國中生不可或缺的。基於以上看法，教育會考的命題方向也是期待在教學現場的老師能勇於將教學方式鬆綁成多些時間讓學生於課堂上自主學習，並且邀請教師多花心思在提問上，引導學生做高層次的思考。所以在國文教學上若要引導學生能獨立思考和問題解決，建議教師可運用教材進行閱讀理解策略的教學來引導學生做高層次學習。

　　其實，近年來國文科會考的閱讀題型，其取材多來自跨領域和非文學性的文本，為了因應素養導向，題材顯得多元。因此跨領域文本的閱讀能力是我們要重視的，例如，生物類說明文、聊天對話框、各式圖表等生活素材皆頻繁出現在近年考題，這些題型幾乎都是測驗學生統整、推論、思辨能力。

尤其近年會考的閱讀理解題型在理解層次上為**需要間接思考的「推論、統整與分析」題型**。不再以記憶或詮釋類題型為主，國文科會考題目前著重的是要學生能夠在一定時間內掌握文意，並藉由架構脈絡、上下文句，找到論據和論點，推理出合適答案，並能統整與分析素材內容。會考命題方向期待的是：能引導學生做到歸納推論、類比推論、因果推論、統整分析的能力。因此我們建議學生能在平時閱讀中，培養閱讀策略，將有利於掌握文章要旨、面對各式各樣或多元文本的高層次推論題。為了讓學生具備「多元文本的推論能力」並與「生活情境」做聯結的素養，會考內容不會再太針對國文專業知識命題，而是期待學生能藉掌握閱讀策略。因此，素養導向的學習趨勢，重點不在於考題形式，而是如何培養出「內化的習慣」。就閱讀理解而言，**學習重點是學會透過閱讀，培養出閱讀策略和反思能力，並願意在生活中活用。**

　　虹瑩老師書寫這本書的用意即是想藉著會考題，發展分析各類題型的理解策略，除了提供學生自學之外，也能讓孜孜矻矻於國文教學上的老師們能有更好的「利器」引導學生學習與思考。

　　虹瑩老師將此書分為基礎理論篇和實作練習篇，在基礎理論篇中，虹瑩老師相當用心的把國文科會考題型以文體分為白話閱讀、文言文閱讀和韻文閱讀三類大題，在分析過程中，虹瑩老師運用會考多元取才文本引導我們運用統整、比較、類比和推論，因此這本書對教學者和學習者在國文會考解題能上有莫大的助益。

台北市景興國中國文教師

105 年度台北市 Super 教師

台北市國文輔導團資深教師

蕭千金

推薦序

與虹瑩結緣已經超過十年了，看到虹瑩出了一本與閱讀理解有關的書籍，真的非常感動，這本書不但是他這幾年推動閱讀教育的心血結晶，也讓我憶起之前一起共備國文課的往事。

虹瑩曾經說過，在多年前北政國中的校務評鑑上，黃淑馨校長在看過我們準備多時的閱讀寫作課資料後，問了一句話，這句話也開啓了我跟北政的國文老師後續設計及研發課程的基礎，「你們準備了很多閱讀教材，但是並沒有教導學生閱讀」。

這句話石破天驚地劈開了我那時教書十多年來的迷障，在當年，國文教學也是集中在範文教學中，我們說明作者的生平，分析、賞析文章，教學生寫作手法及相關修辭，幾乎就是國文課的全部。而補充教材就是相關的文言文，如論語，白話文，如跟課文相關的文章題材，至於要教導學生閱讀理解，這件事雖然放在心中，但是也覺得我們就這樣教學，學生應該就會閱讀理解了吧！

這樣的觀念當然是不正確的，閱讀理解真的沒有辦法依靠老師傳統的國文教學就可以讓學生學會。也因爲這個契機，所以我們找了當時在國文輔導團的馮永敏教授，辦了數次的工作坊，從最簡單的訊息檢索開始討論閱讀理解策略。沒錯，當時我們連訊息檢索、發展檢視跟省思評鑑，這些閱讀理解的步驟都還不太清楚。

就這樣，我們發展了數套的語文教學教材，虹瑩離開了北政國中自己創業去，而我與北政和其他學校的夥伴，一頭栽進了學習共同體的教學，到現在研發新課綱的素養導向教學與評量，雖然我們走的道路已經不同，但是對國文教學與推廣閱讀的熱情仍然不變。

所以虹瑩寫了這本書，也是他這幾年努力的第一波成果，我認為這本書最有趣的地方，就是他從會考的題目著手訓練學生的閱讀理解步驟，並且不只有白話文，更值得關注的是文言文的閱讀歷程。而且這本書面對的不只是老師，而是家長和學生都可以藉由閱讀本書，來一步一步精進自己的閱讀能力。

　　文言文基本上與白話文雖然都是中國語文的一部分，但是閱讀與理解的方式雖有共通處，但真的不是使用同樣的閱讀方法與策略就可以處理，這也是本書特別值得關注的地方。

　　此外，書中的練習已經跳脫了單純的選擇題，而是加入了手寫的問答題，這個部分我也很推薦大家要認真的閱讀與練習，因為要真的能夠藉由提問一步一步地了解一篇文章，並且能夠進入省思與評鑑的高層次思考，真的不是選擇題能夠做到。此外虹瑩也放進問答題的擬答與評分方式，這個部分也是我前兩年在國教院擔任研究教師時研究的內容，跟他也有很深刻的討論，希望有研究這個章節的老師能夠思考，問答題是需要有出題的脈絡，並且在評量上也要有擬答的標準與策略，這也是身為老師很需要具備的專業能力。

　　最後，我相信以虹瑩的性格，出了這本書之後，絕對不會僅止步於此，語文能力的培養，還可以有更深刻的內容，例如對於不同議題資料的閱讀與解讀，並且能進入評鑑與獨立思考，這就是更高階的能力培養，更是我們在語文教學中希望學生能夠學會並且運用與遷移到生活中的能力，期待能夠看到虹瑩更多的著作，更希望能看到教學現場有更多關於閱讀理解教學的創新發展。

台北市格致國中校長　詹馨怡

推薦序：國語文教學等候已久的方案

國文科教學，多年來都面對這些的難題：

· 如何幫助學生在大考中提升優勢？
· 如何在應試教育的同時，兼顧未來面對社會的需求？

這兩個難題，在《國中會考閱讀素養課》這本書之中，同時得到了解答。以本書為基礎，將延伸發展出一系列教師培力與課程規劃方案，可望大幅改善國中階段國文科教學效益、克服當前瓶頸與難題。

國語文教育系統的煉成

從 2017 年認識梁虹瑩老師以來，一路觀察她經營「喜閱樹教育機構」至今，從點而線，從線及面，逐步構築國文教育的新系統。

梁虹瑩老師在中學教育現場積累豐富的一線經驗後，因為教育的使命感，辭離校園，創辦「喜閱樹教育機構」。在這裡，她堅定地為中學教育現場無法克服的問題，長期從事教學研發，熬煉解決方案。

從國小生的閱讀課程為起點，梁虹瑩老師打造「閱讀與理解」、「閱讀與表達」兩門課程。經過大量實際教學千錘百煉，從教材到教法，已經成為效果明確、深受學生與家長喜愛的課程。

在此基礎下，梁虹瑩老師再加入寫作元素，發展出「閱讀與寫作」初階班與進階班，同步培養孩子吸收資訊與發表論述的能力；其課程涵蓋的學生年齡段，已經從國小、國中，拓展到高中。無論是希望為基礎能力奠基打底，或是要強化增益應試能力，都能在喜閱樹得到支持協助。

■ 我們等待已久的教學方案

在「喜閱樹」，梁老師透過體制外教育創新與實踐，為體制內國文教學現場開發的解決方案，漸漸清晰而完備。《國中會考閱讀素養課》這本書，正是梁虹瑩老師過去十餘年教學經驗與心得的全面總結，也將是「喜閱樹」對教學現場的方案與贈禮。這本書，有以下特色：

1. 呼應結合國中體制內需求

無論是家長、學生、教師，都非常關切學生在會考中的成績表現。然而，會考國文科題目，卻已經與學校課本極度脫鉤。到目前為止，校內教學仍重在課文的字音、字形、字義、國學知識，但這類內容在會考中的比重極低。如果如此，國文課該怎麼教？會考該怎麼準備？這些問題，這本書中有答案。

2. 為論述能力打底準備

每個人都知道，在生活與工作之中，思考力與表達能力極為重要。未來的人生之中，不再會有選擇題，所有的考驗都將以論述題形式展開。然而，論述的能力如何教？國文課如何脫離死背硬記，成為訓練理解與表達的課程？這些問題，這本書中有答案。

3. 108 課綱「素養」精神的實踐

108 課綱中的「素養」概念是什麼？簡而言之，就是要讓教育脫離考試的牢籠，不再只是「正確答案」的複製與套用，進而走向為人生培養紮實的態度與能力。然而，這個目標，如何在課堂中達成？許多老師都在惶恐困惑。這些問題，這本書中有答案。

4. 讀寫教育有機整合

在學生日後真實的工作環境中，閱讀資料與構思書寫往往同時進

行。但在過往的國文科教學之中，作文與課程往往互不相關，讀與寫之間分隔斷裂。在國文科教育過程中，讀與寫該如何重新整合？這些問題，這本書中有答案。

5. 課程重整、教學知能重新培力

大部分國語文教師，都是非常認眞用心。但過往師資培育系統中的教育內容，與目前教學環境中需求與挑戰，已經發生了嚴重的脫節。在現今的需求下，教師需要什麼樣的教學技能？以閱讀、理解、論述爲核心的課程，應該如何設計？這些讓許多教師備感困擾的問題，這本書中有答案。

教學新實踐的合作平台

在 2021 年，梁虹瑩老師將過去十餘年的札根與積累，凝結呈現於《國中會考閱讀素養課》這本書，並且也是「喜閱樹教育機構」下一階段定位的第一步。未來，「喜閱樹教育機構」將成爲橋梁與平台，讓體制外創新的新理念、新教法、新教材、教案開發，得以用師培課程的方式，和體制內的老師們能與進行更多深入的對話。透過「喜閱樹」，體制內外的教育者可以形成緊密的團隊，合作推動教育理想的落實。

「喜閱樹教育機構」接下來將逐步推出課程、資源、師培工作坊……，協助學生們發展閱讀、思考與寫作的能力，回應當下的應試壓力，更培養未來人生的關鍵素養。我的孩子現在七個月大，待他上中學的年紀，我相信國語文教育將進入一個令人欣喜的新局。讓我們拭目以待。

【真識】知識內容服務機構創辦人　謝宇程

前 言

　　在 108 課綱以後，更大幅度的教育改革展開了。在升學考試上，大家不得不面對「素養導向的評量試題」，其題型和過去的方向出現莫大差異，讓孩子擁有「閱讀素養」不但是國文科的首要訓練目標，也是考試基本標準，更影響著其餘學科的應試成績。因此，孩子是否擁有良好的閱讀素養和閱讀理解能力是這個時代的新學習目標，而這樣的目標究竟正不正確呢？

　　無論我們過去的教育體制如何，實際上，教育的目標都應當是為孩子的未來做準備。這個未來指的是多重面向的，包括融入社會、自立更生、思考自我、面對自己的人生、為自己的人生、他人乃至這個世界負責等多重面向。因此，為孩子準備這些能力，都應當是教育的目的。然而在科技的影響下，這幾十年內人類社會發生劇烈的變革，人類進入工業革命後下一波大型革命，整個世界的轉向也將是現在的我們難以設想的，因此，無論我們願不願意承認，自工業革命所留下的教育體制或許也不再符合於未來的需求，教育體制的改革也將勢在必行。

　　那麼，未來會是長怎樣呢？或許我們無法全盤預測，但是 AI 和機器人等高科技的發展只會不斷前進，倘若只是從事一些勞力密集的工作，在未來幾十年內，可能都將被 AI 或機器人取代。人類倘若想繼續好好地生存在這個世界上，就必須培養自己無法被 AI 或機器人取代的能力。而根據相關研究，人類的「閱讀素養」─包含對知識的分析、綜整、反芻、應用等就是 AI 百年內難以超越的一項能力。也就是說，**這些對知識高度複雜的詮釋整合運用能力還只有人類的大腦可以處**

理，在各個職業領域之中，須運用到這些複雜能力的部分都將被留存而不會被取代。例如：必須運用複雜法條去做統整歸納，以及辯護時須用諸多技巧去打官司的律師、能夠運用不同教學技巧，去設計不同課程使程度不同的孩子能學習的老師、須具備豐富的醫學知識，並運用科技進行診斷和協助醫療行為的醫生……等，這些都是未來難以被取代的職業。而在該職業底下，也須將自己的能力不斷提升到這個程度，才能更符合時代的需求。所以，「學習」是現代社會中人人不可避免的新趨勢，活到老學到老是這個時代底下不可避免的趨勢。因此未來學大師托佛勒曾說：「過去，我們用文盲指涉不識字的人，21 世紀的文盲不再是不會寫、不會讀的人，而是那些不會學習、歸零、再學習的人。」就昭示著這樣的未來。

然而，學習的媒介很多元，「閱讀」即是其中之一。這個閱讀不單只是指「文字閱讀」而已，圖片閱讀、影像閱讀，乃至對人、對這世界的閱讀皆可納入其中。故張潮在《幽夢影》中說：「善讀書者，無之而非書。山水亦書也，棋酒亦書也，花月亦書也。」而善讀書者和不善讀書者的差異究竟在哪裡？我從事閱讀教育這麼多年，真心覺得並非在我們所閱讀的媒介，而是在於「思考」。善讀書者，他對於生活中所遇到的任何事情皆可視為「資訊」，從中提取精要的部份去進行思考、學習，所以善讀書者即使是在日常生活中，也能進行「閱讀思考」，讓自己從生活大小事中學習，進而再將所學運用於生活之中。而不善讀書者，猶如不懂得思考的人，即使滿腹知識也可能僅是吊書袋，甚至陷入知識的泥淖和死胡同裡不自知。而能否好好思考、反芻、進而活用知識，即所謂「素養」。因此，我一直覺得強調「學用連結」的素養教育是非常正確的改革方向，的確是符合於未來社會的需求。

可問題是：立意雖美，整個教育現場，乃至整個社會對此事仍不熟悉，社會大眾仍未能從「分數」、「成績」的競爭裡擺脫，「活化教學」一事一遇到「考試」就是可以被取代、難以施行的一件事，有心改革的老師們也常在考試成績的這堵牆面前窒礙難行。究竟，有沒有什麼兩全其美的方式，既能讓老師們兼顧學業成績，又能用一個良好又有效的方式訓練孩子的閱讀理解能力、書寫表達能力，甚至是閱讀素養呢？

本書即是在這樣的思考下寫成的一本書。

這本書的切入點是大家最關切的「會考」，全書皆以會考國文科的題目進行示範教學和練習。實際上，會考題目便是非常優質的文本，然而目前的考題趨勢提高了選項的誘答力，如果孩子沒有清楚精細的思考、了解題幹敘述，很難選出最精確的選項。這樣的題目有極高的閱讀理解能力鑑別度，可是同時也打破過去的答題和思維習慣。過去許多解題方式不再有效，課內所讀的東西也不足以應付大考需求，這時我們應該要怎麼辦呢？

在這個思考下，這本書應運而生。本書除了介紹基礎閱讀理論外，也將透過國文會考題幹，出成相關問答題，並教導孩子們正確思考、理解題幹敘述的方式，養成孩子們透過關鍵字詞、關鍵句去思考題目的習慣，並且孩子們用自己的話詮釋表達。如此一來，不但可以訓練孩子的閱讀理解能力，還能訓練孩子的書寫表達力和應試能力。這種訓練也符合 111 年後的學測命題趨勢 ── 將部分題目出成非選題，請孩子們寫下選擇該選項的理由。而這種能力如果國小未能被訓練，也請從國中開始好好訓練，幫孩子的未來做好準備。

　　除此之外，本書也將附上我們研發的評量標準，協助老師／家長們在這種問答題上進行評量。這種評量標準其實比選擇題那種僅有對與錯兩種可能性的評量更具多元性，讓孩子可以透過更有層次的評量提升自己的思考精確度或者文字表達能力，也讓孩子的思維習慣和老師的教學習慣不再只停留在「對」與「錯」這種二元對立的維度中。當孩子能從中學習精確思考、練習完整表達，我相信，這種思維與能力一定更符合未來的需求，讓孩子不只在大考上能奪得高分，對自己的未來也會有實際的幫助。

　　我希望透過這本書，不只幫孩子準備考試，更幫孩子準備面對他們的未來。訓練的過程或許不易，但如果能因此協助他們擁有精確的思考力、閱讀理解力、統整解釋力、書寫表達力。我想，辛苦走過的這條路，也將很值得。現在，就讓我們一起啟程吧！

使用說明

　　這本書的體制較為特別，一半理論一半題庫，目的在告訴您不同類型題目的思考、解題策略之外，還可以直接透過實作練習，培養孩子的閱讀理解能力。為了讓您可以更有效率地運用此書，梁老師特別在此附上**教師版**、**家長版**及**學生版**的使用說明，讓您知道如何使用這本書可以達成事半功倍之效。

給教師

如果您是老師，想透過這本書訓練孩子的閱讀理解及國文科應試能力……

1. 請老師們將理論部分消化吸收完，直接在課堂上和孩子們做說明，帶著孩子將思考流程走過一次，再讓孩子們開始練習後面的題目。（此部份也可參考喜閱樹線上課程）

2. 每堂課程不貪多，白話短句、段落和圖文題型至多兩題，題組、文言文題型和韻文類題型可以帶孩子一題一題練習。每堂課在開始時練習一到兩題即可，等孩子慢慢習慣後再增加題目。

3. 如果可以，盡量每一題都帶著孩子做分組討論及全班共同討論，建議可參考**學思達的教學模式**，孩子越能充分的討論，學習效益會越高。

4. 討論時，老師的回饋很重要，請參考我們的評量標準，拿掉

「對」、「錯」的二元標準，盡量針對孩子們思考精確或有缺漏、可改進的部分去進行回應。本書提供的參考答案僅為參考，老師在評量時可針對孩子的程度更靈活地回應，盡量鼓勵孩子們的思考和發言。

5. 本書最好從孩子七、八年級時就開始帶著練習，利用三年慢慢累積其能力。如果是九年級的孩子，要在「**白話文短句題型**」和「**白話段落題型**」兩部分透過課程引導多加熟悉，**了解句義如何思考及如何找出關鍵句**，這兩部分是閱讀理解的核心。等漸漸熟悉如何思考句義及找出關鍵句後，其餘題目可再交由孩子們透過綜合練習題慢慢前進。如果孩子能在九年級這一年充分進行這種練習，相信他們在考場上應能有不錯的表現。

6. 本書在文言文的題目上已是由淺入深排列過，可以讓孩子們照著書中的練習題進度前進，慢慢熟習文言文翻譯。如果時間允許，不妨帶著孩子們一題一題練習。可善用分組討論技巧，簡單的題目兩人一組，困難的題目四人一組，讓孩子們既可練習又可互相合作，慢慢培養孩子的文言文翻譯能力。

7. 如果有些題目可引述原文作答，為節省時間，也可以善用畫線策略，請孩子在題幹上畫線作答即可，未必要全句謄寫，這部分可交由老師自行調整運用。

8. 在練習本題庫時，請務必訓練孩子養成「畫重點」，根據所畫的關鍵句或關鍵字詞去思考的習慣，才能確實訓練起孩子的閱讀理解能力和應試答題能力。

給家長

如果您是家長，想透過這本書協助增加孩子的閱讀理解及國文科應試能力……

1. 這不是一本丟給孩子讀，孩子就能夠自己消化吸收的書籍。因為本書題目所使用的是「問答題」，是孩子較不熟悉的題型，所以建議您可以將此書視為一本「親子共讀」的書籍。在理論的部分，和孩子一起研究書中意涵，再請孩子慢慢按照後面的題庫開始練習。（倘若真的無法完全讀懂，可以參考我們的線上課程）如果孩子在答題時遇到困難，您也不妨做孩子的同學，陪他一起耐心學習，尋找答案，兩人一起思考如何答題。

2. 如果您有需要孩子獨立完成本書的一些題目時，請記得把參考答案拿走，千萬別讓孩子有機會看到參考答案。就讓孩子去學校問其他同學，請其他同學跟著他一起思考也可以。本書的特色之一就是可以促使孩子們多思考，但孩子如果沒有思考的習慣，要他完成這樣的題目就會變得很困難，他們可能會產生排斥或想要投機取巧。所以，請將參考答案拿走，促使孩子必須自己想辦法完成這些題目，但在孩子能靠自己完成也別忘了多鼓勵他們、誇獎他們，畢竟這也不是一件容易的事！

3. 參考答案請在和孩子一起思考完後再一起參考，裡頭有解題思維，告訴您與孩子該題是根據哪些關鍵詞或關鍵句進行思考，讓孩子逐漸習慣這樣的思考模式。但參考答案不是「正確答案」，如果孩子的答案跟參考答案有較大的出入，不妨和孩子一起思考出入的地方在哪裡？為何會有此差異？孩子的答案也不見得

不正確，也或許是思維模式和表達模式的不一樣而已。如果想更進一步知道孩子的答案是否可行，可透過喜閱樹的批閱服務取得喜閱樹閱讀老師的協助，讓您與孩子更有方向感喔！

4. 如果對自己的閱讀理解能力沒信心，那就更好了！歡迎透過本書和孩子一起共學，你也會有機會看見自己和孩子在閱讀學習上的無限潛力！

給學生

如果您是學生，手上拿到這本書，大人殷殷期盼能透過這本書增加你的閱讀理解和應試能力……

1. 那我首先得跟你說聲：「辛苦了！」因為你接下來會面對半本折騰你的「問答題題庫」，也許會受到一些從來沒有受過的折磨。（沒錯！練習寫問答題就是一種折磨！）不過記得電動裡的原則嗎？遇到越難打的怪，就越能訓練自己的能力！而且打怪成功後的成就感就越高！這本書會讓你充分體驗那種感覺。剛開始寫時會覺得非常痛苦、非常燒腦，但每當你寫完一題後，你會發現：「喔……不過就是這樣嘛！我也可以的！其實這也不難啊！」然後隨著你的思考和閱讀理解戰鬥力逐漸提升，慢慢地，那些原本不是很好懂、很好拿分的「閱讀題型」對你而言會逐漸變成一塊蛋糕（a piece of cake）。問答題你都能解決了，選擇題對你而言有何難哉？所以不要怕困難，為自己開始努力吧！

2. 如果你必須自己練習這本書，那一開始一兩題看一下參考答案，看一下老師是如何思考的，或許還可以。但是千萬不要養

成看參考答案的習慣，請養成「自己思考、答題」的習慣。原因很簡單，因為考場上沒有這些思考指引，你都必須自己想！所以，如果真的不太會，不妨問問你的老師、同學、父母、朋友吧！讓大家陪你一起思考。別人的思考路徑也會幫助你學習，讓你知道那些很會唸書的人是如何思考的，接著，模仿他們的思考路徑，你也可以成為很會思考的人！

3. 如果真的只有你自己讀，那還是要記得看老師的思維技巧說明喔！梁老師曾經用這套思維技巧教一個能力較弱的孩子（就是看完題目後，看每一個選項覺得每個答案都可以，不知道要選哪個的那種孩子）。這個孩子在老師稍微講完這種基本思維方式後，他循著這套方式思考就突然明白該選哪個答案了！所以，「如何思考」是一件重要的事，知道了怎麼思考，才能開啟後面的練習。看不懂的地方依舊可以去問其他人，總之，要記得老師提示的諸多思考重點喔！

4. 如果你是七八年級生，每周可針對這個題本練習一～二次，每次一～二個小時（平均每周二個小時即可）。第一回合的綜合練習是最簡單的，所以不要害怕挑戰，開始下去做，訓練起自己的功力，後面的難題也會變得簡單！

5. 如果你是九年級生，建議每天花二十分鐘的時間練習本題本。語文科目重視語感，因此每日練習一些時間的效能會比一週騰出一個時段，一次練習三個小時的效能更好。因此如果可以，在九年級會更建議每日分散式練習，一次不用多，但持之以恆，累積語感。另外，在做一般閱讀選擇題時，盡量養成自己

遮住選項，看完題幹後畫下關鍵詞或關鍵句，再看選項的習慣喔！要養成靠自己思考題幹，而不依賴選項思考的習慣，你才不會容易在二選一時選錯喔！

6. 打怪打多了戰鬥力會變強，問答題寫多了閱讀理解能力和寫作能力也都會提升，在這其中，**反覆練習**和**不斷努力**是其中共同而不變的真理。更好的是，閱讀理解能力和寫作能力也會協助你其他科目的作答和學習，對你的人生和未來工作也都很有幫助。所以，不要怕辛苦，相信自己可以，請為自己開始努力！

* 更多相關資訊請參考喜閱樹網站：
readthinktree.org
期待能給您更多協助！

雲端題庫下載（請使用電腦操作）

1. 尋找密碼：請翻到本書第 241 頁，找出題目中是什麼動物被魚線纏繞。
2. 進入網站：https://reurl.cc/RyGMmz（輸入時請注意英文大小寫）
3. 填寫表單：依照指示填寫基本資料與下載密碼。Email 請務必正確填寫，萬一連結失效才能寄發資料給您！
4. 一鍵下載：送出表單後點選連結網址，即可下載。

壹

基礎理論篇

一、總論

（一）其實是大型閱讀測驗 ── 會考試題分析

> 　　自然界中，在透明度較高的水清水域，通常硝酸鹽、磷酸鹽等營養鹽的含量較少，相反地水濁時含量較多。營養鹽一旦缺乏，植物性浮游生物就發育不好，以它維生的動物性浮游生物就會變少，連帶影響取食動物性浮游生物的小魚和取食小魚的大型魚的生存。

　　請你根據此題題幹敘述，猜猜這是會考哪一科的題目？

　　「這種題目當然是自然科的啊！」這是一般人的直覺反應。不過不好意思，它是**國文科**的題目。我想你這時應該有種跌破眼鏡的感覺，不過還好，你只是跌破眼鏡而已，身處其中的絕大多數國文老師對於這種題目的走向應該是煩惱不已。

　　然而這種走向並非是會考時代才開始的，當我還是陪伴學生考基測的國文老師時，就發現了這個題目趨勢。我在教學第二年就任教九年級，接著開始連續四年陪伴九年級學生基測應考之路。就是這四年陪伴九年級的應考之路，讓我發現一件事：**國文的大考主軸根本不是我們常考的字音、字形、國學、修辭等基礎語文能力，而是閱讀能力。**

　　當時我做了一個粗略的分析，在基測時代，國文科 48 題中約有 **30 題上下是閱讀測驗題**，而這些閱讀測驗題都是**沒有任何範圍的**。當時分析過題目後的我，已經很驚訝地發現，我們國文科所習慣考的大多題目取向（也就是老師們常說「很重要，這個考試會考」）的那些題目，大考根本就考不多啊！而**大考考最多的題目，我們平常很少在訓練學生**。這成為我從一個國文老師轉向閱讀教學的契機。

　　而後來的會考**趨勢**又是如何呢？我們直接從 2013 年的會考開始分析吧！一般而言，國文科題目可粗略分為兩大類：

閱讀題型	語文題型
可分為<u>文言文閱讀題</u>（含古典詩詞）及<u>白話文閱讀題型</u>（含新詩）兩大類，通常會請學生閱讀後回答問題，主要考<u>內容文意或寫作手法分析</u>。	含字音、字形、字義、語法、修辭、國學常識、應用文、成語應用、語詞運用、標點符號……等。

　　在此分類下，我分析了從 102 年至 109 年共 8 年的題目類型，整理成下面這張表格：

年度	閱讀題型						語文題型
	白話單選	白話題組	白話閱讀	文言單選	文言題組	文言閱讀	
109	14	9	23	11	3	14	11
108	12	10	22	11	4	15	11
107	13	10	23	9	5	14	11
106	13	10	23	9	4	13	12
105	12	9	21	10	4	14	13
104	10	11	21	10	4	14	13
103	13	9	22	9	4	13	13
102	14	9	23	8	5	13	12

　　由上面表格，我們可看到白話文閱讀題、文言文閱讀題、語文題型約以 2:1:1 的比例存在，而閱讀題型和語文題型更是以 3:1 的比例分布著。因此，除了我之外，一些長年做題型分析的老師們，都指出在國文科會考裡的閱讀題型大約佔 75 ～ 80% 的比例，比例就是這麼高！而且那些閱讀題型的題目**完全與課本無關**，許多題目**橫跨自然領**

域、社會領域，包山包海地出，我們可以說，目前會考國文科根本就是大型的閱讀測驗，而這才是所謂的「素養導向題型」！

不只國文科有此變化，自然科題目也出現題目敘述拉長的傾向。補教老師<u>楊過</u>分析，許多題目在題幹上以文字描敘許多「步驟」，學生要解題，需抓到關鍵字，更要理解題目考點，倘若學生看不懂題目，那在運用到自然科所學的原理去解題之前就會卡住。因此，在這幾年的自然科考題中，文字理解是關鍵，同時學生要對自然科內涵的觀念與定義都要非常強，能在理解題目之後運用其原理原則去解題，才有辦法拿到高分。[1]

爲此變革，泛科學、南一書局和科學月刊還聯合推出一個「科學生－科學閱讀素養課程」，來培養孩子科學方面的閱讀理解能力。他們針對 103 年會考和 108 年會考的字數統計做出下列分析[2]：

科目	103 年會考字數	108 年會考字數	字數增幅
國文	9,163 字	9,322 字	1.7%
社會	8,492 字	9,083 字	6.9%
自然	7,582 字	8,929 字	17.7%
總字數（英文不計）	31,282 字	33,508 字	7.1%

（本圖表根據「科學生」網頁資料製成）

泛科學、南一書局和科學月刊以此數據來顯現近年來自然一科字數量的增加，因此只是習得公式和原則用以解題，早以不足以應付現在自然科考試，因此他們進一步提出**科學閱讀素養**這樣的解方。除此

---

[1] 引用自由時報〈國中會考自然科要考高分　文字理解成關鍵〉，文章來源：https://features.ltn.com.tw/cap/2020/article/breakingnews/2795272

[2] 資料來源：https://student.panmedia.asia/#/index

之外，我們也可從此數據看到，學生在應試國文、社會、自然這三科時，**均須在 70 分鐘內閱讀完 9000 字上下的文字**，經過閱讀、理解、統整，思考，並運用自己所學以作答的能力，這實際上是非常複雜的一件事。倘若學生沒有**閱讀長文的耐性、快速提取重點進行理解、在腦中思考分析判斷等能力**，如何應付這樣的考試？

　　這樣的變革不只出現在會考之中，我曾粗略研究過近年學測的國文科考題，考題字量變多、課外題型增加是一個明顯趨勢。習慣國中題型的我，覺得高中學測根本就是國中會考的加深加難版。而預計要在 111 年登場的大學入學考試「混合題型」，預定調降選擇題的比例，每科增加二～三成非選題的題數，要學生**「知其然，也要知其所以然」，考驗學生的「知識整合應用」及「表達說明能力」**。

　　前大考中心主任張茂桂表示，以 108 課綱的研究測試命題來看，自然科實驗題加入實驗數據，要求學生繪成圖表的題型；社會科不只要求學生選出答案，還需說明判斷的基準；國文科考題中，學生除了理解文章內涵外，還要分析與統合文章要點。因此，只是單純記憶課本重點、掌握解題技巧是難以應付非選題的，必須具備理解閱讀、邏輯推論、圖表判讀、證據應用等能力，而這些能力都必須經過長時間的培養方能養成。❸

　　由此看來，此種題型變革立意雖好，卻也不免使大家更加焦慮緊張。究竟我們該如何協助孩子建立如此複雜的素養能力，面對這麼劇烈且不可避免的考試變革呢？

---

❸ 引用自泛科學〈您的 108 課綱已上線！面對新考題，沒那麼簡單、也沒那麼困難——大考中心主任張茂桂專訪〉，文章來源：https://pansci.asia/archives/174605

補充說明

　　因應 108 課綱，我們會有機會常聽到「**素養導向評量**」一詞，尤其目前大考出題都即將轉變爲<u>素養導向評量</u>。

　　什麼是符合 108 課綱精神、素養導向的評量？根據台灣師範大學教育心理與輔導學系教授，同時也是心測中心主任陳柏熹教授所言，素養導向評量，不只是檢驗學生所學到的學習內容或學科知識，更希望檢測出學生從學科知識或學習內容所延伸出來對知識概念的判斷、應用或生活問題的解決能力。除此之外，在國中升高中的會考中，符合 108 課綱核心素養的試題，主要有四項特點：

1. 題目情境主要以解決真實生活問題爲主。
2. 題目閱讀量高，也常配合圖表或數據資料來描述問題情境。
3. 題目不只是單題，也常以題組形式出現。
4. 除選擇題外，國語文和數學兩領域也有非選擇題。❹

　　由上可知，在素養導向評量之中，傳統「聽背考忘」的學習模式早已不符合現代大考需求，我們需要更進一步訓練出孩子「**讀思寫用**」（**閱讀、思考、以文字統合表達、應用**）的學習能力，而這樣的學習才能建構所謂「**素養**」，使孩子真正將學習和生活結合，培養活到老、學到老的習慣和能力。

---

❹ 引用自天下雜誌〈新課綱上路，心測中心主任陳柏熹：別急著送孩子去「補素養」！〉，文章來源：https://www.cw.com.tw/article/5096190

（二）到底要怎麼應付多元題型？——閱讀理解能力的培養

面對這樣複雜多元、廣度大、文字量大的題目，一般而言，我們能提出的解方就是「多閱讀各類讀物」。多閱讀各類讀物的確是個好解方，可是有一些孩子，他們天生閱讀理解能力不太好，這樣的孩子不易從閱讀中得到樂趣或成就感，因此，當閱讀無法提供孩子這種滿足感，它勢必成為一件無聊的事，如果無聊，孩子又怎麼願意「多閱讀」？

在提出其他解方之前，我想請大家來想想「閱讀」的本質。

我想請大家先思考一件事，那就是：你覺得閱讀是一件困難的事，還是一件容易的事？

我想這個問題的答案一定是見仁見智，對很會讀書的人來說，閱讀是一件容易的事；對不太會讀書的人來說，閱讀就是件困難的事。

只是回過頭來說，所謂「很會讀書」與「不太會讀書」的差異究竟在哪裡？

我花了很久時間找到問題的答案，其差別就在**閱讀理解能力的好壞**，甚至不在閱讀量的多寡。

此話怎講？以前我在當國文老師的時候，常常會遇到一個百思不得其解的狀況，那就是：一個孩子可能看了很多課外書，但閱讀的成效卻反映不到他的學習成效上，導致很多家長會阻攔孩子看課外書，覺得他們看太多課外書對學習沒有幫助，這究竟是為什麼？

直到自己到外面成立喜閱樹，專門從事閱讀教育，在許多專業閱讀和實戰經驗的累積之下，終於發現一件事，原來**一個孩子學習成效的好與壞關鍵在於閱讀理解能力**。一般而言，閱讀理解能力好的孩子讀書易掌握重點，並能連結重點意涵進行思考，故容易理解文本內容，可以藉由閱讀學習知識或得到樂趣，甚至擁有好成績。因此，一

個閱讀理解能力好的孩子，**通常也是在學校裡所謂學習良好的孩子。**

反之，如果孩子的閱讀理解能力不夠好，即使他看書看很多，但看書的過程中，他也可能是像掃描般掃過書籍，無法尋找重點（或者畫錯重點）進行思考，因此他的閱讀變成一種囫圇吞棗，那麼閱讀再多的書籍也可能對他的學習能力沒有幫助。所以，重點來了，所謂**閱讀理解能力到底是什麼？孩子的閱讀理解能力又該怎樣被訓練？**

■ 「閱讀理解」究竟是怎麼一回事？

一般而言，我們知道要會「閱讀」（這裡指狹義的文字閱讀）通常要先會「識字」，或許「識字」讓我們可以「閱讀」，但是否「理解」又是另外一回事了。

這樣的情節大家也不陌生，大家都有一種經驗是：這句話我每個字都認識，但它們合在一起時，它們是什麼意思我卻看不懂。這個經驗足以說明：**我們能閱讀不代表我們能理解。**

那麼「閱讀理解」究竟是如何產生的呢？先來看看這張圖：

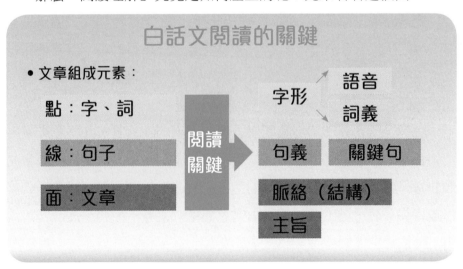

　　我們所閱讀的一篇文章若以點、線、面這樣的角度去做細節拆分，我們主要可以拆成「字、詞」❺、「句子」、「文章」等三種不同面向來做閱讀分析。

　　以「字、詞」部分來說，我們在閱讀文章中的「字」時，大腦會自動轉化出「語音」和「詞義」兩個部份，這是兩個不同系統。**與理解有關的是「詞義」**，而非「語音」，因此孩子朗誦完一篇文章後，也未必能理解文章或文句的意義，因為孩子能唸讀文章代表他認識字的語音，卻未必能全然理解其詞義。因此**孩子要能夠理解一篇文章，他對於「詞義」的掌握要夠多，才有辦法進行閱讀理解。**

　　我們常說：「大量閱讀能幫助一個人的閱讀理解能力」原因即在此，因為**大量閱讀讓我們腦中的「詞彙意義庫」增加，「詞彙意義庫」的擴充能幫助我們的閱讀理解**。不過，我們腦中的「詞彙意義庫」究竟是如何增加的？

　　其實人類腦袋裡擴充詞彙意義庫的方式絕非透過老師教學生學。請你試想：如果在書裡看到一個從來沒有看過的詞彙，你是如何判斷這個詞彙大概是什麼意思？我想答案是一樣的：「**大腦會根據前後文意去推測該詞彙意涵**」。如果這個詞彙在不同地方出現三四次，大概將這個意思填充進去，文句解釋皆無礙，我們便學習到這個詞的詞彙意義。因此，大量閱讀最重要的作用在於擴充我們腦中的詞彙意義庫，進而幫助我們對文章的閱讀理解。然而光是擴充詞彙意義庫是不夠的，因為要理解文意內容還包含其他層面的東西。

　　在上頁圖表中，與文字閱讀相關的不只是「字、詞」，還有「句子」和「文章」兩個面向。

---

❺「字」是構成一篇文章的最小單位，「詞」是承載「意義」的最小單位。

以「句子」來說，閱讀理解的關鍵在於：

1. 能掌握句義

掌握句義的困難之處在於：句義常不只有一層意義，一句話可能有第二層意義、第三層意義，甚至有多種詮釋方式。因此，**如何理解一句話真正的內容意義**，便是「掌握句義」或「詮釋句義」的困難之處。

2. 掌握關鍵句

一篇文章的句子很多，然而我們都知道，真正重要的關鍵句可能就那麼幾句。因此能否正確解讀出本文的主旨，就在於**能否找到文章中的關鍵句，並進行正確理解**。一個孩子的閱讀理解能力之優劣，我們甚至能憑此點辨識出來，也就是一個孩子究竟能不能抓到一篇文章的重點。因此，如何**「掌握關鍵句」（抓重點）**絕對是閱讀理解裡頭非常重要的一個部份。

以「文章」來說，閱讀理解的關鍵則在於：

1. 了解文章的結構脈絡。
2. 掌握文章主旨。

這兩個部份是息息相關的。如果一篇文章的**主旨**是我們需要抵達的終點，那**結構脈絡**則是抵達終點的路徑。一篇好的文章通常都在作者的縝密布局下，走出一條路，最後抵達他想抵達的終點。因此我們在閱讀一篇文章時，**若能循著他的路徑，正確掌握到每一段落的段落意義，我們就能掌握作者想表達的文章主旨。**

簡單來說，我們可以用下面一張圖來解釋整個文章閱讀理解的歷程。

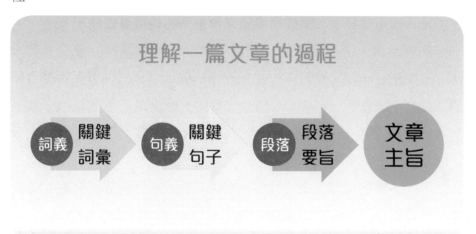

在閱讀一篇文章時，我們須先理解該篇文章絕大多數詞的詞義，並**掌握某些關鍵詞彙**。這些關鍵詞彙常常會反覆出現，反之也可推測，**一個在一篇文章中會反覆出現的詞彙，常常都是該篇文章的「關鍵詞彙」或「關鍵概念」**。除此之外，「**文章標題**」中一般藏有某些關鍵詞彙，而學生所熟悉的「課文題目」也常就是關鍵詞彙。我們在理解一篇文章時，若能**釐清此關鍵詞彙在此文中的意義或象徵，常常也就能理解其文意要旨**。

其次，我們須**掌握文章或段落中的關鍵句，並且正確解讀其句義**。按照中文敘述的習慣，關鍵句常會出現在一個段落中的最前方或最後方，尤其以最後方為最常出現之處。然而無論出現在哪裡，是否**掌握關鍵句，及對關鍵句的句義詮釋常成為能否理解文章主旨的關鍵點**。

最後，段落由句子組成，無論是自然段或是意義段，一個段落通常會有段落大意，而文章的主旨則經由這一個個段落鋪陳而來。因此，**理解關鍵詞、關鍵句意涵、掌握段落大意，就成為是否能掌握文**

章主旨的關鍵。更甚者，甚至有些段落只是過程，那些真正的文章主旨會落在**某些主要段落的關鍵句子裡**。因此，**正確理解這些「關鍵句子」及「段落意旨」，就成為掌握文章主旨的最重要任務。**

回過頭來，這些所謂的「關鍵詞彙」、「關鍵句」或「主要段落」，究竟在一篇文章佔多少比重呢？一般而言，這件事又會符合所謂「80 / 20 法則」，意即大部分文章中的關鍵訊息僅佔 20%，卻具有 80% 的重要性。因此，只要能掌握這 20% 的關鍵訊息，就可大致了解該篇文章的主旨。

於是，問題來了：有多少人能掌握這 20% 的關鍵訊息呢？又或者，究竟哪些是 20% 的「關鍵訊息」，這件事有標準答案嗎？

■ 另一個大哉問：閱讀理解有正確答案嗎？

在回答這個問題之前，我們先來面對另一個現實，就是：在閱讀理解的歷程中，許多人會有不同的理解與詮釋。這又是為什麼？

關於這件事，請看看下面這張圖：

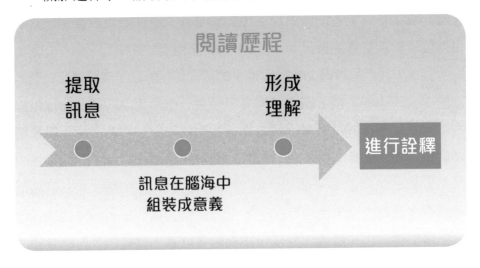

搭配現在廣泛被提及的閱讀三歷程：「**擷取與檢索**」、「**統整與解釋**」、「**省思與評鑑**」，我們便可以來解釋人的腦袋中是如何進行「閱讀理解」。

面對文本時，我們會去針對這個文本裡的訊息（可能是文字訊息，也可能是圖像訊息，甚至在影片文本裡還有音樂訊息可提取）去進行「擷取與檢索」，也就是「選取關鍵訊息」。提取訊息後，我們會將這些訊息在腦海中組裝成意義，進而形成對這些訊息的理解。最後，我們再用口語或文字對我們理解的意義進行詮釋，這就是所謂的「統整與解釋」。至於「省思與評鑑」，則屬於更高層級的事，我們須經由對文本的「理解」，才能根據我們的想法或個人的知識系統提出「省思與評鑑」。

由上可知，如果一個人從「提取訊息」的方向已經與另一個人截然不同，那他所進行的「統整與解釋」自然不可能一樣。除此之外，一個人會如何「提取訊息」、「統整解釋」跟他原本的**背景知識和思考習慣**有關，因此不同人的閱讀理解會因其不同的背景知識和思考習慣的差異，產生極大的歧異。那麼接下來你可以問：所謂「閱讀理解」會有標準答案的存在嗎？

按照我的觀點，我不認為「閱讀理解」應該要有「標準答案」，但其實會有「相對正確的答案」。在從事閱讀教育的這些年，我不會告訴孩子他們的答案是「對」還是「錯」，但我會不斷詢問孩子：**「你的答案是從文本中的哪個訊息來判斷的？」「你為何會這麼認為？」**如果孩子根本說不出個所以然來，只是說出一些很主觀的答案，例如：「我就是這麼覺得」，那我不認為他有真正對文章進行「閱讀理解」。

　　我認為，所謂「閱讀理解」是要去讀懂別人真正的意思，因此**「文章中的訊息」是非常重要的**。如果作者的觀點真是如此，那他的文章中一定可以找到佐證的相關訊息。所以我們可以說，「閱讀理解」的教育，其實是在訓練孩子**「根據文本中的訊息，讀懂別人在說什麼」**，故而閱讀理解是一個相對客觀的訓練，它在訓練孩子**有幾分證據說幾分話**，或者**根據事實去判斷**。

　　這是一個非常重要的思考練習，不讓孩子人云亦云，也不讓孩子自以為是。因此為了讓孩子正確地閱讀理解文本，我會請孩子不斷**回到文本裡去找答案**。所以我相信，在絕大多數閱讀理解的訓練中，都還是有**相對正確的答案**，也就是文章中的**關鍵訊息**。

　　統整來說，如果孩子要能夠相對正確地去理解文本，他需要有**足夠的背景知識**和**深入的思考習慣**，而以上兩點需要長時間的累積和訓練，這些累積和訓練，才應該是整個「閱讀教育」的核心。反過來說，若我們只是在累積孩子許多瑣碎的知識，卻不教孩子怎麼提取訊息、統整解釋和省思評鑑，也不教孩子如何思考，那許多孩子終究會不知如何思考、如何理解文本，我們就難以真正培養出孩子的「閱讀素養」。所以孩子們閱讀素養需要長時間的培養與訓練，也是現代許多老師應該共同努力的事。

補充說明

　　提到「閱讀理解」就必須提及認知心理學中的「**基模理論**」（schema），基模理論是是心理學家巴特利所提出。巴特利是最初提出「人如何從有意義的文章中學習」這個問題的心理學家之一，而他的主要理論概念就是基模理論。❻

基模理論

基模（schema）：

· 是個體用來認識周圍世界的基本模式，此模式是由個體習得的各種經驗、意識、概念等構成一個與外界現實世界相對應的抽象認知架構

（已習得的背景知識 + 思考模式）

> 學習重點一：
> 增加背景知識

> 學習重點二：
> 訓練思考模式

　　何謂「基模」（schema）？基模是個體認識這個世界的的基本模式，此模式是由個體習得的各種經驗、意識、概念等構成一個與外界現實世界相對應的抽象認知架構。簡單來說，人類的認知基模裡包含**已習得的背景知識**和**天生具備的思考模式**。在背景知識的部分，我們

---

❻《教育心理學──認知取向》，Richard E. Mayer 著，林清山 譯，316 頁。

知道夜晚時掛在天上那顆圓圓亮亮的東西叫做「月亮」，這就是屬於我們的背景知識。而背景知識是我們習得的，因為自小周圍人告訴我們那是「月亮」，因此一個台灣小孩會指著它叫「月亮」，美語系孩子則指著它叫「moon」。這些背景知識的歧異會造成不同文化底下觀看或認識事物的第一層基本差異，而背景知識的不足也會有礙我們的學習。

其次是思考模式。就算在同一個背景知識底下，個人也會因其不同的思考模式或生命經歷，而對同一件事物、同一個詞彙產生不同的理解和感受。舉例來說，有些人看到月亮覺得充滿希望，有些人看到月亮則覺得憂傷，有些人看到月亮則想著人類何時可以去月球觀光。在看同一個事物時會產生如此不同的想法和感受，這是基模運作中的另一個層次。因此，在閱讀理解裡頭，即使我們都畫下同一句話，同一個重點，也可能對此句話產生不同的詮釋。因為我們的生命歷程不同，我們的思考模式也不盡相同。

回過頭來，孩子在閱讀時為何無法順暢產生理解也跟這兩個部分有關係。**有可能是因為孩子的背景知識不足，也有可能是因為孩子沒有深入思考的能力或習慣，不知道該怎樣正確思考、理解句義或解讀文章，導致閱讀後無法正確理解。**因此，在重閱讀理解的課程教育中，我們不應只增加孩子的背景知識，更須訓練孩子的思考模式，使其看到一個深難句子或一段文字，甚至一篇文字時，知道該怎麼思考、怎麼理解，這才是在整個閱讀教育裡頭更應著重訓練的事。

（三）這樣看題目，標準答案就出現！──應試技巧解析

■ 小動作大影響的「讀題順序」

你有沒有想過，當你面對一個問題時，你的讀題順序是怎樣？

倘若我們將一個題目分為三個部分：題幹敘述、題目、選項（如下圖），你會怎麼安排這三者的閱讀順序？

題幹敘述	「我們的情緒狀態有很大一部分是取決於我們在注意什麼，一般是聚焦於目前在做的事情上。例如想從吃得到快樂，必須注意到自己正在吃。否則，花同樣時間在吃東西，但是把吃和別的活動綜合在一起，吃的快樂就被稀釋了。」
題目	下列何者與這段文字的涵義最接近？
選項	(A) 人的好惡常因外在事物改變 (B) 專注於情緒的控制就能得到快樂 (C) 主觀感受與關注的事情密切相關 (D) 追求物質享受無法得到真正的快樂

這個問題我問過很多人，大多數人的閱讀順序都是順著「題幹敘述→題目→選項」這個順序讀下來。有少部分人會從「題目」開始看起，讀題順序多為「題目→題幹敘述→選項」。還有更少部分人，甚至會從「選項」看起，我曾問過他們為何會沒看過題幹敘述、題目，就先看「選項」？有人的說法是：「因為這樣我會對選項有個概念，之後再看題目來做對照、思考。」

那你呢？你的讀題順序是怎樣？

當然我們很難說哪個才是絕對正確的讀題順序，不過我有一個不多見卻重要的經驗跟大家分享。

在我連續四年帶九年級的過程中，因為當時還是基測時代，每一屆國三生約須考 7 次模擬考，通常考完試就要幫學生們對答案跟解題，所以我常在忙完整天後，題目都還來不及仔細看完，就得捧著題本進教室幫學生們解題，這致使我常常站在講台上才開始看題目，因此訓練出**迅速解題的技巧**。

因為學生問了我問題就必須回答（不管那題我是否已看過），如果是已經看過的題目，自然可以迅速回答；如果是還沒看過的題目，我便會快速瀏覽題目來做答，這時我的視線移動方向是**「題目→題幹敘述→選項」**。我會先看過這題要問什麼，接下來看題幹敘述中跟題目相關的部分，然後迅速畫下關鍵句，接著再看看選項中哪個選項與關鍵句最吻合，或者最符合題目要的選項。這是我的解題法。

讓我們思考一下：為何這是一個值得參考的讀題順序？

回顧前頭閱讀理解的理論不難發現，**「聚焦思考」**是閱讀理解訓練中的一個重點，也就是說，如果句義或文意要能被正確理解，孩子首要要能**抓到重點**，並且從重點之中去**聚焦思考**。同樣地，如果**先讀題目，也就是先抓個閱讀方向**，我們會清楚等一下在閱讀題幹敘述時，我們該從哪個方向去思考文意，這樣**有目的性的聚焦思考，將能幫助我們更精確地解讀題幹敘述**，進而選到關聯性最高的正確選項。

無獨有偶，我看過不只一個講解會考解題密技的老師講讀題順序技巧，大概都是**「題目→題幹敘述→選項」**的讀題順序，可見**清楚題目要問什麼**其實是一件很重要的事。那麼正在閱讀此書的你，知道了這個小祕訣後，要不要來試試看，看這樣的閱讀思考方式會不會對你的答題有幫助呢？

■ 還有關鍵的應試答題技巧！

「啊⋯⋯最後二選一，又選錯了啦！」

這種心聲幾乎每個考生都曾遭遇過。我們常常透過刪除法在選項間刪刪刪到最後一個時，就決定是它了。然而也有很多搖擺的時候，讓我們在兩個看起來都可以的選項間舉棋不定，不知道要選擇哪一個，而會錯的題目常常是這類型的題目，因此「二選一，選錯了」是每個人都曾遇到過的憾恨。

到底有怎樣的方式可以避免這種狀況呢？接下來，我要告訴你兩個小小的應試答題技巧，讓你在考試時可以憑著這樣的方式做出選擇來，比較不容易選錯喔！

1. 遮住選項，先畫下題幹重點句，將直接對應出標準答案

很多孩子沒有畫重點的習慣，都會看完題幹敘述後憑著一個**模糊的印象和感覺**來答題，然後就⋯⋯選錯了。在此，我會建議大家培養一個新的答題習慣，就是：

a. 遮住選項不要看。

b. 先看題目要問什麼。

c. 再看題幹敘述，然後畫下題幹敘述中的關鍵句及關鍵詞。

d. 最後看選項，接著就會發現，關鍵句常常對應著其中一個答案。

為何我會請大家先遮住選項不要看呢？原因是：

大家在答題時，很習慣依循對題幹模糊的理解來作答，而作答時也是依靠選項來思考，因此很多選項看起來好像都可以，然後就答錯

了。現在的會考題目大多出得很好，鑑別度很高，因此選項的誘答力強，必須端賴你清楚思考題幹才能選出正確答案。因此，先不要看選項，我們先仔細思考題幹敘述，並**將關鍵句畫下來**，因為那些關鍵句通常能幫助我們選出正確答案。

舉例來說，107 年的國文會考第 14 題，就是這樣一種題幹敘述理解不易，選項誘答力又極強的題目：

> 「我們的情緒狀態有很大一部分是取決於我們在注意什麼，一般是聚焦於目前在做的事情上。例如想從吃得到快樂，必須注意到自己正在吃。否則，花同樣時間在吃東西，但是把吃和別的活動綜合在一起，吃的快樂就被稀釋了。」下列何者與這段文字的涵義最接近？
>
> (A) 人的好惡常因外在事物改變
> (B) 專注於情緒的控制就能得到快樂
> (C) 主觀感受與關注的事情密切相關
> (D) 追求物質享受無法得到真正的快樂

此題中，如果我們把重點擺在「想從吃得到快樂，必須注意到自己正在吃。否則，花同樣時間在吃東西，但是把吃和別的活動綜合在一起，吃的快樂就被稀釋了。」這句話的詮釋上，我們就容易誤以為答案是 (A) 或是 (B)（甚至有人會選到 (D)）。但在此題幹敘述中，「我們的情緒狀態有很大一部分是取決於我們在注意什麼，一般是聚焦於目前在做的事情上。」才是**論點**，後面只是例證，因此這句才是我們必須好好詮釋的關鍵句。而在這個關鍵句中，**「情緒狀態」**和**「聚焦」**又是我們必須注意的關鍵詞彙，如果把這些關鍵句和關鍵詞彙一一畫下、圈出，你不難發現，**「情緒狀態」**對應 (C) 選項中的「主觀感受」，而**「聚焦」**對應「關注的事情」，因此我們就可以選出 (C) 選項，這就是所謂**關鍵句直指答案**的意思。

所以，**遮住選項，先逼自己把題幹敘述完整理解過，畫下最重要的關鍵句，再打開選項來做選擇**，你會發現，答案並不難選，甚至不用二選一。

2. 如果無法畫下重點句，請做對應概念分析

即使我們知道畫下關鍵句很重要，但有時我們又會遇到另一個問題，就是：這題畫不出所謂關鍵句，那這時要怎麼辦？通常會有兩種題目會遇到這種狀況：

a. 它本身就是一句短句，無法再分離出所謂關鍵句。

b. 整個題幹敘述在敘述一個概念，必須統合起來做理解，所以在這個段落中沒有所謂關鍵句。

如果是這樣的狀況，我們就會建議使用下列方式，就是「對應概念分析」，也就是分析題幹敘述和選項中相對應的概念，以貼合度最高的選項為最正確選項。

例如 109 年國文會考的第 2 題：

> 「寧可讓學得快的人等，也不能讓不會的人繼續不會。」下列何者最符合這句話所強調的教育理念？
>
> (A) 強化資優教育，培養菁英
> (B) 提倡忍讓，加強品格教育
> (C) 視學生資質，給予適當教導
> (D) 無論良與莠，一個都不放棄

以此題來說，學生常常會在 (C) 和 (D) 選項之間做選擇。那麼我

們就來分析一下這兩個選項和題幹敘述的貼合度最高？

題幹敘述有提及「學得快」和「不會的人」這兩種學生，符合選項 (C) 的「學生資質」，也符合選項 (D) 的「良與莠」；但是題幹中沒有提及選項 (C) 的「給予適當教導」這一概念，反而選項 (D) 中的「一個都不放棄」符合題幹敘述的「不能讓不會的人繼續不會」。因此跟 (C) 選項比起來，(D) 選項與題幹敘述的吻合度更高，所以此題答案應選 (D)。

再如 109 年國文會考第 24 題：

> 某心理學家讓兩組學生看同一張人像，對第一組說：「他是罪大惡極的罪犯。」對第二組說：「他是一位科學家。」當請學生描述照片中的人時，第一組學生說：「深陷的雙眼顯現出他充滿仇恨，突出的下巴證明他在犯罪道路上頑強的決心。」第二組學生說：「深陷的雙眼顯現出他思想的深度，突出的下巴證明他在科學道路上堅強的鬥志。」
>
> 這項實驗設計的目的，最可能是在印證下列何者？
>
> (A) 先入為主的成見，常會影響我們的判斷
> (B) 做任何事都要有決心與鬥志，才能成功
> (C) 昇華與墮落在一念之間，端看如何選擇
> (D) 看事情的角度因人而異，無絕對的是非

在此實驗中，心理學家讓兩組學生看同一張人像，但對第一組學生說他是罪犯，對第二組學生說他是科學家，這對應著 (A) 選項的「先入為主的成見」。又後方第一組學生在描述時強調「深陷的雙眼顯現出他充滿仇恨」，第二組學生在描述時強調「深陷的雙眼顯現出他思想的深度」，則對應 (A) 選項的「常會影響我們的判斷」，至

此，答案就可快速選出。至於 (B) 選項，題幹敘述與是否「成功」無關，也不討論「昇華與墮落在一念之間」故也與 (C) 選項無關。至於 (D) 選項看起來很合理，但題幹的實驗其實**強調植入的第一印象不同造成後面觀點的差異**，(D) 選項的概念與其不相符，因此也不可選 (D) 選項。

你看出來了嗎？無論應試技巧 1 或 2，到最後都必須應用到「對應概念分析」這樣的方法，看哪個選項與題幹關鍵句或關鍵概念對應得最完整。所以我們要運用這樣的方式，我們都應以**完整理解題幹敘述**為最重要的事，且更加**釐清題幹中的關鍵概念**，才能對應出最正確選項。因此在現在的大考試題中，擁有良好的閱讀理解能力，**能正確畫下關鍵句，及正確理解題幹敘述**，才是得到分數的關鍵能力！

二、白話閱讀題型

看完了前一篇應試技巧後，我想你應該知道怎麼做了吧？是不是挽袖躍躍欲試了呢？然後試了之後可能馬上就發現更關鍵的問題，那就是：

我根本看不懂題幹敘述啊！怎麼分析？

是的，根本看不懂題目，才是學生在答題時會遇到最大的問題。這也就是這本書想解決的根本問題——**孩子的閱讀理解能力**。

那麼，當孩子的閱讀理解能力不足以直接讀懂題幹敘述時，我們是否有什麼方式可以訓練孩子的閱讀理解能力，或者提供他們有效的思考路徑呢？接下來這個篇章就是要提供這些思考方式跟技巧，以及可供訓練的題型，讓孩子的閱讀理解能力能夠全面的被提升起來，到考場上真正讀懂題幹敘述！

（一）如何看懂句義？——短句類思考路徑

首先，我們先來解決最基本的「短句類白話閱讀題型」，看看這些精煉卻深奧難解的短句，究竟如何思考其句義。

請各位回想一下前頭的閱讀理論，在閱讀句子的部分有兩個關鍵：

1. **理解句義。**
2. **掌握關鍵句。**

在這種短句類型的題目中，**如何理解句義**就是最重要的一件事，這也是許多閱讀理解能力不夠好的孩子無法突破的部分。許多孩子會因爲對句義的無法理解，導致對文意的無法理解，反過來說，如果我們能協助孩子理解句義，那孩子要能掌握文意也就容易的多。

那麼，我們的大腦到底是怎樣理解這些句義深難的「句子」呢？那些看得懂的人到底是如何看懂的呢？

這就得回到「**關鍵詞**」這個概念了。

句子是由許多詞所組成的，而我們如果要正確理解句義，也得先找出句子之中的「**關鍵詞彙**」或「**關鍵概念**」。這些關鍵詞彙或關鍵概念通常不獨立存在，我們可以找出**兩到三個關鍵詞彙**，而一個句子通常是在表達這些**關鍵詞彙之間的關係**，因此，只要能**釐清這些關鍵詞彙之間的關係**，我們就能夠理解句義。

以下分爲三種類型來解釋：

1. 關鍵詞彙和關鍵詞彙之間的關係

有些句子是可以直接在句子之中圈出關鍵詞彙，再直接探討其關鍵詞彙之中的關係。

舉例來說，108 年國文會考第 2 題：

> 英國詩人赫巴德說：「彼此無所求的朋友，才可能是真正的朋友。」這句話的涵義與下列何者最接近？
>
> (A) 交往若帶有目的，就不是真正的友誼
> (B) 在朋友困難時伸出援手，才能得到回報
> (C) 想獲得朋友，須自己先成爲值得結交的人
> (D) 人生有許多事不能獨自完成，可知友誼的重要

　　不看選項，若我們單純思考「彼此無所求的朋友，才可能是真正的朋友。」這句話的句義時，我們可以怎麼思考呢？

　　首先，一樣請**找出關鍵詞彙**。關鍵詞彙通常會**反覆出現**，而這句話反覆出現的詞彙是「朋友」，所以「朋友」絕對是關鍵詞彙。不過這裡的「朋友」出現兩次，前面還加了不同的概念，一個是「彼此無所求的朋友」，一個是「真正的朋友」，因此這句話的兩個關鍵詞彙應該是「彼此無所求的朋友」和「真正的朋友」。

　　那麼「彼此無所求的朋友」和「真正的朋友」之間的關係是怎樣呢？這句話本身就詮釋得很清楚了，它說：「彼此無所求的朋友，**才可能是**真正的朋友。」這裡使用了判斷句，兩個關鍵詞彙的關係是「A 才可能是 B」，因此如果我們要畫一個圖表示兩者之間的關係，可以畫出下圖來：

　　如果理解至此，想清楚「彼此無所求的朋友」和「真正的朋友」這兩者關鍵詞彙的關係，那想必不難選出 (A) 選項。

　　然而在平日練習時，我們還是要練習將這些句子換句話說，所以

我如果問你：「英國詩人赫巴德說：『彼此無所求的朋友，才可能是真正的朋友。』請問這句話是什麼意思？」

你會怎麼回答呢？

這時我們可以對這句話進行闡述或詮釋，比如此題可回答：「因為對彼此無所求，只是真心而單純地想要和彼此做朋友，這種朋友才可算是真正的朋友。」或者「如果兩人相交之時對彼此有所求或帶有目的性，那麼一旦不能滿足彼此的需求，或者其目的達成，可能兩人就不會繼續當朋友，那這種朋友就不算真正的朋友。」

這種換句話說的詮釋練習是一種非常重要的思考訓練，也是寫作練習，讓我們練習更清楚完整地表達出自己的理解和詮釋，如此一來，就能讓我們的閱讀理解訓練更完整，也更能釐清概念和概念之間的關係。所以，不只是想過，還要能用口語或文字表達，才是走過一段完整的思考路程。

又例如 106 年會考第 21 題：

> 「文學雖然具有普遍性，但因讀者體驗的不同而有變化，讀者倘若沒有類似的體驗，它也就失去了效力。」根據這句話，作者認為文學的普遍性要有效力，前提最可能是下列何者？
>
> (A) 讀者的體驗各自不同
> (B) 讀者的分布普及各階層
> (C) 讀者有類似於作品的經驗
> (D) 讀者與作者有相同的喜好

如果我們只單就題幹敘述「文學雖然具有普遍性，但因讀者體驗的不同而有變化，讀者倘若沒有類似的體驗，它也就失去了效力。」這句話來思考，我們會怎麼理解此句句義？

首先，一樣先找到關鍵詞彙。在這句話中，「體驗」出現了兩

次，因此「體驗」絕對是關鍵詞彙。可是詞彙必須找完整，這裡的「體驗」指的是「讀者體驗」，所以第一個關鍵詞彙應該是「讀者體驗」。接著還有哪些是關鍵詞彙呢？這裡頭講的主體是「文學」，因此「文學」一定是另一個關鍵詞彙。另外有些人還會圈「普遍性」或「效力」，可是細究起來，「它也就失去了效力」這句話的「它」指的是「文學」，而「效力」指的就是「普遍性」，因此「讀者體驗」、「文學」和「普遍性」這三個概念等於都出現了兩次，因此關鍵詞就是這三個。

接著要怎麼繼續詮釋這句話？實際上，要解釋三者之間的關係，另一個更簡單的方式就是**再把這三個詞排列組合一次**，那你會怎麼將「讀者體驗」、「文學」和「普遍性」這三個關鍵詞重新排列，來解釋這句話呢？

最簡單的版本是：「文學要具有普遍性，需要讀者具有相關體驗才行。」

再更深入詮釋的版本是：「讀者要具有相關體驗，才能對文學作品產生共鳴。」

但無論你如何解釋，都不妨礙我們選出 (C) 選項，因為我們已經釐清「讀者體驗」、「文學」和「普遍性」三者之間的關係了。

先找出幾個關鍵詞彙，再去釐清這些關鍵詞彙之間的關係，這樣你會了嗎？

2. 將具文學性的關鍵詞彙抽換詞彙

然而有些句子的關鍵詞彙具文學性，為美化表達，作者常會使用具譬喻性或具象徵性的詞彙來取代原有意涵，這使得學生常會無法理解文學性較高的用語，容易遇到這類句子就難以詮釋。因為這些關

鍵詞彙常常無法直接用字面意涵去解讀，所以在遇到這類的關鍵詞彙時，我們需要先「抽換詞彙」，將具其他意涵的關鍵詞彙抽換成可直接闡述其意涵的詞彙，抽換過後，學生要理解這些具有文學意涵的句子就會變得容易。

例如 107 年的會考第 21 題：

> 「藏書室是一處有著許多迷睡靈魂的神奇陳列室，當我們呼叫他們，這些靈魂就甦醒過來。」這句話的意旨，與下列何者最接近？
>
> (A) 許多作家在藏書室找到心靈的歸屬
> (B) 好的作品可以喚醒讀者迷睡的靈魂
> (C) 讀者可透過閱讀與作者的心靈相通
> (D) 迷失在書海的讀者需要適當的指引

本句題幹「藏書室是一處有著許多迷睡靈魂的神奇陳列室，當我們呼叫他們，這些靈魂就甦醒過來。」就是一句具文學性表述的話，單就字面意涵，難以完全掌握句義，因此就需要抽換詞彙。

在這個閱讀技巧中，我們一樣須先找出關鍵詞彙，再抽換須抽換的關鍵詞彙。本句的關鍵詞彙是「藏書室」、「迷睡靈魂」、「呼叫」、「甦醒」等詞彙，其中只有「藏書室」一詞是直接敘述，「迷睡靈魂」、「呼叫」、「甦醒」等皆是文學性用法，所以都需要抽換詞彙。再仔細思考這三個詞彙，放在本句之中，這三個詞彙大概可用「書籍」、「翻閱／閱讀」、「進行溝通、交流」等詞彙來代替。接著我們再將這些關鍵詞彙重新排列組合，用自己的話詮釋這句話，即可得出：「藏書室裡有很多書，當我們去閱讀時，作者的思想就會和我們進行溝通、交流」這樣的句義，是不是清楚明瞭多了呢？

事實上，許多學生在解讀文學性較高的用語，常常覺得「看不

懂」，就是卡在這個部分。因此無論在課堂上，或平日閱讀中，就可以用這樣的方式去進行思考。不只老師、家長可以試著帶學生練習，學生在閱讀這類句子時也要多練習「抽換文學性較高詞彙」來進行詮釋，就能更加順暢地讀懂這些平時難以理解的文學性句子囉！

3. 關鍵概念與關鍵概念之間的關係

除上述可直接圈出關鍵詞彙的句子外，有些句子更難纏，它的關鍵詞彙無法從句子中直接圈選出來，這時我們可能就要分析句型結構，去釐清隱含其中的關鍵概念究竟是什麼。

例如 109 年的會考第 13 題：

> 「讀完一千本書的價值，並不多於犁過千片田地；能夠對一幅畫作出適當的描寫，其價值並不多於找出一輛故障摩托車的毛病。」這句話的意旨，與下列何者最接近？
>
> (A) 精神勝於物質
> (B) 實用重於美觀
> (C) 勞力者不遜於勞心者
> (D) 拿筆者比不上拿鋤者

細究這句話的句型結構是「A 的價值不多於 B，C 的價值不多於 D」，因此我們可知 A 和 C 的概念是同一組，B 和 D 的概念則為另一組。接著細看**各組間有什麼相似概念在裡頭**？在「讀完一千本書」和「能夠對一幅畫作出適當的描寫」這兩者中，一者是讀書，一者是寫作，似乎是動腦的工作；至於「犁過千片田地」和「找出一輛故障摩托車的毛病」，一者是耕田，一者是修車，似乎是**勞動身體的工作**。因此兩者對照起來，這兩個關鍵概念似乎一個是「勞心」，一個是「勞力」。當我們找出兩組關鍵概念後，就不難看出這兩者之間的

關係是：「勞心者的價值不多於勞力者」。思考至此，是不是就能直接看出答案了呢？

4. 句子中的關鍵句

實際上，有些句子雖然不長，但還是會有「比較重要」的地方和「沒有那麼重要」的地方，所以有些地方我們在詮釋時可以把它的比重放輕，甚至忽略不去詮釋。

例如 107 年會考第 8 題：

> 「真正的詩是詩人的心靈，真正的船是造船者，我們倘若能把人剖開來，就能夠在他裡面看到他的作品裡最微末的一撇一鈎的理由。」這段文字的涵義與下列何者最接近？
>
> (A) 作品皆是創作者內心情志的投射
> (B) 創作心境的重要性高於呈現技巧
> (C) 藝術創作的精髓源於用心仔細觀察
> (D) 不同的創作可能有相同的內在精神

要怎麼思考「真正的詩是詩人的心靈，真正的船是造船者，我們倘若能把人剖開來，就能夠在他裡面看到他的作品裡最微末的一撇一鈎的理由。」這句話？

　　一般而言，凡是**判斷句句型（A是B）通常都會是重要論點**，而在此句，「真正的詩是詩人的心靈，真正的船是造船者」是主要論點，後面的「我們倘若能把人剖開來，就能夠在他裡面看到他的作品裡最微末的一撇一鉤的理由。」是附加解釋前言，因此可以忽略不解釋。所以這句話裡最重要的應該是「真正的詩是詩人的心靈，真正的船是造船者」這個部分，我們只要進行這句話的詮釋即可。

　　找出最關鍵的部分之後，我們這是要用**關鍵概念與關鍵概念之間的關係**這個方法去詮釋。這句話使用「真正的A是B，真正的C是D」這樣的句型結構，所以A和C是同一組關鍵概念，B和D是另一組關鍵概念。那麼來仔細思考：「詩」和「船」同樣是什麼？「詩人」和「造船者」又同樣是什麼？到此應該也不難看出來了，「詩」和「船」同樣是「作品」，而「詩人」和「造船者」則是「創作者」，所以這個句子在講「作品」和「創作者」之間的關係。所以我們可以怎樣解釋這句話呢？如此一來，我們就可以作出這樣的解釋：「作品是創作者心靈的顯現。」是不是沒有想像中困難呢？而正確答案A也就可以輕易選出囉！

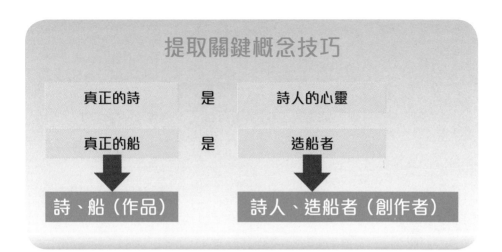

看到這裡，相信你已經基本掌握理解句義的思考邏輯，接下來還是要多練習才行喔！在接下來的牛刀小試中，已經把會考的題目變成問答題，請你單純就「題幹敘述」去思考其句義，並且試著把它寫下來，做詮釋練習，再參考後方的答案和解題思維，和你的想法是不是一樣呢？現在開始動手做做看，好的開始是成功的第一步！

短句句義詮釋

1.

> 世間有思想的人應當先想到事情的終局，隨後著手去做。

請問這句話是什麼意思？

思維引導

提取關鍵詞，釐清關鍵詞之間的關係。

我的答案

答：

....

....

....

參考答案

　　有思想的人在做任何事情之前，會先思考各種可能方式，以及各種方式對應的結果，心裡有明確的規劃後再去執行。

解題思維

　　本句話的關鍵詞彙是「想到事情的終局」和「著手去做」，然而如果只圈出這個部分還不夠，還要加入主語「有思想的人」才算完整，因此我們可以圈出「有思想的人」、「想到事情的終局」和「著手去做」三個。

　　接著思考關鍵詞彙之間的關係。根據本句話，「想到事情的終

局」和「著手去做」之間很明顯是「先後」關係，而「有思想的人」這個詞彙是主語，因此必須擺在最前面。接著我們把「想到事情的終局」換句話說，可以解釋成「思考各種可能方式，以及各種方式對應的結果」，而「著手去做」可以解釋成「去執行」，在加上主詞和其他讓句子更順暢的部分後，我們便可將此句話解釋成「有思想的人在做任何事情之前，會先思考各種可能方式，以及各種方式對應的結果，心裡有明確的規劃後再去執行」。

2.

> 天才是不足恃的，聰明是不可靠的，順手揀來的偉大科學發明是不可想像的。

根據這段文字，什麼是重要的？

思維引導

將「天才」、「聰明」、「順手揀來的偉大科學發明」視為一組，「不足恃」、「不可靠」、「不可想像」視為一組，提取其中相似概念，再釐清此兩組關鍵概念之間的關係。另外，本句話是反向陳述，可將其轉為正向陳述。例如：「……是不可靠的」→「……是可靠的」。

我的答案

答：

參考答案

此段文字提到「天才」與「聰明」都是不可依賴的，也不可能不經過任何努力便「順手揀來」偉大的成果。因此，最重要的應該是踏實努力與前進，如此才是成功的法則。

解題思維

本題須提取「關鍵概念」，按照思維引導所言，把「天才」、「聰明」、「順手揀來的偉大科學發明」視爲一組，可推論出這組的關鍵概念是「天生就有，不需透過努力得到的」；而「不足恃」、「不可靠」、「不可想像」的相似概念則是「不可依賴」的，因此我們可得出本句話是在說明「天生就有，不需透過努力得到的一切是不可依賴的」。而這句話是反向敘述，如果翻轉回來變成正向敘述，並符合問題所言「什麼重要」，那我們便可寫出「腳踏實地的努力才是最重要的」這樣的推論。

（二）怎麼找到關鍵句？——段落類思考路徑

　　段落類題型是會考白話閱讀題型的常見題型，在非題組類閱讀題型中，題幹敘述超過一句者，皆可視為段落類題型。這一類型的題目，每次約在 6 ～ 9 題左右，大多要求考生判讀該段落的意旨及內涵，因此，**讀懂段落要旨**是這種閱讀題型的解題重點。

　　那麼，該如何讀懂段落要旨呢？

　　回到我們的閱讀理論之中，要讀懂段落要旨首先得先找到「**關鍵句**」，進而**理解關鍵句的句義**。倘若我們能掌握這些段落中的關鍵句及其意涵，那麼段落要旨也就躍然而出了。

　　一般而言，我會再分為四個步驟／技巧來進行：

1. 找出句號做斷句，拆解段落結構，了解每句話的書寫目的。
2. 尋找、畫下關鍵句。
3. 圈出關鍵句中的關鍵詞，透過關鍵詞彙理解該關鍵句句義。
4. 遇到說明文，找出說明文中的關鍵詞彙（概念），並釐清關鍵詞彙（概念）及關鍵句之間的關係。

　　這其中最重要的步驟就是**尋找關鍵句**，透過關鍵句來分析段落要旨。可是關鍵句到底長怎樣？有什麼方式可以讓我們輕易找出嗎？真的每種題型都可以畫出關鍵句嗎？如果畫不出關鍵句時，我們又要怎麼讀懂段落意涵？下面我們透過會考題目來分析讀懂段落意涵的幾種策略。

◪ 關鍵句常是作者論點、想法及感受

下方是 107 年國文會考第 5 題的題幹敘述：

> 　　電影本身就如同造船的藍圖，而電影特效是螺絲釘，我們應該先策劃一部電影，再依照這部電影的需求，扶植特效團隊，而不是扶植了特效團隊後，卻不知道這個特效團隊將來要為誰工作。因此，臺灣電影產業現在面對的難題是藍圖的問題，好劇本在哪裡？好製作案在哪裡？而不是只會埋頭苦幹，努力研發螺絲釘，雖然這也很重要，但先有藍圖，等整個市場有起色後，再去扶植，力量才會更大。

本題的題目是：「下列敘述何者最符合這段文字的觀點？」由此可知，這便是一題須讀懂段落意涵方能作答的題目。然而面對上百字的題幹敘述，我們如何能快速掌握其段落要旨呢？在這裡，我會把思考步驟拆解成下列問題，請你一一思考、回答：

1. 請找出句點（斷句處），將這個段落分成兩個部分。
2. 請你將這兩部分的重點句或關鍵詞彙各自畫下來。
3. 請按照你所畫的重點句及關鍵詞彙，解釋這段話的段落意涵。

步驟 1 請大家先斷句，許多老師在教閱讀理解或解題技巧時會跟孩子們強調**句點很重要**，因為在精練的文字中，句點代表一個完整的句義概念。因此**在閱讀理解一段文字時，我們也能根據句點進行斷句**，接著仔細爬梳這些不同句子背後代表的意義，**進而尋找出關鍵句，了解段落意涵**。這是在尋找關鍵句前先透過句點做段落結構拆分的主要目的。

接著我們來爬梳句子背後代表的意義。在此段落中，前一句話在說明整體電影製作的概況，後一句則提及台灣電影產業的現象。若要仔細分析之，這就是所謂「總起分說」結構。

總起

「電影本身就如同造船的藍圖，而電影特效是螺絲釘，我們應該先策劃一部電影，再依照這部電影的需求，扶植特效團隊，而不是扶植了特效團隊後，卻不知道這個特效團隊將來要爲誰工作。因此，臺灣電影產業現在面對的難題是藍圖的問題，好劇本在哪裡？好製作案在哪裡？而不是只會埋頭苦幹，努力研發螺絲釘，雖然這也很重要，但先有藍圖，等整個市場有起色後，再去扶植，力量才會更大。」

分說

「總」是指主要論述，「分」則是分別敘述與主要論述相關的案例。「總分」結構是文章常見的結構，有時先總後分，有時先分後總，更常出現「總分總」結構。這樣的敘述結構不只會運用在文章中，甚至在句子、段落之中都會出現，像本段落先總說電影製作概況，再提及台灣，也可說是一種總起分說結構。

在總分結構中，**「總說」會比「分說」重要**，因爲「總說」便是主要論述和核心概念，所以**關鍵句勢必出現在「總說」的部分**。那麼我們來找找在這段落中的關鍵句會落在何處？以此回答第 2 題。在看答案之前，請先自己找找看喔！看看你會畫下哪個重點句或圈出哪些關鍵詞？如果準備好了，那我們一起來看看下方的重點句和關鍵詞。

在這個段落之中，「藍圖」這個詞彙出現三次之多，所以「電影的藍圖」應該是裡頭的關鍵詞，那電影的藍圖是什麼呢？在此段落中相應的詞彙應是「好劇本」、「好製作案」，因此這兩個也是關鍵詞。那關鍵句在哪裡？便在總說裡頭：「我們應該先策劃一部電影，再依照這部電影的需求，扶植特效團隊」此句話。

「電影本身就如同造船的藍圖，而電影特效是螺絲釘，我們應該先策劃一部電影，再依照這部電影的需求，扶植特效團隊，而不是扶植了特效團隊後，卻不知道這個特效團隊將來要為誰工作。因此，臺灣電影產業現在面對的難題是藍圖的問題，好劇本在哪裡？好製作案在哪裡？而不是只會埋頭苦幹，努力研發螺絲釘，雖然這也很重要，但先有藍圖，等整個市場有起色後，再去扶植，力量才會更大。」

為何是這句話呢？在這裡要跟大家談談**關鍵句的常見長相**。

一般而言，學生常會遇到的非故事性文章大多可分成「抒情」、「記敘」、「議論」、「說明」等四類。讓我們來細細爬梳一下：

1. 抒情文的主軸在抒發作者的感想、情懷、感受，因此**明確表達作者的感想、情懷、感受之句**即為關鍵句。

2. 記敘文一般而言不會敘述完發生之事就結束，敘事背後的目的仍是要表達作者因事而起的感想、情懷、感受，因此**明確表達作者的感想、情懷、感受之句**亦為關鍵句。

3. 議論文主要在說明作者的觀點，因此**闡述作者論點或觀點的句子**即為關鍵句。

4. 說明文則較為複雜，它所說明的事物通常包山包海，可以是一件物品、一種現象、一個概念、一種方法、一個流程⋯⋯等。因此在說明文中的關鍵句不太容易有明確長相，甚至沒有關鍵句，只有**關鍵概念**。因此在閱讀說明文時，要能**提取其關鍵概念，釐清概念與概念間的關係**才能作答。

在整個國文科的訓練中，以前三項文類為主，而科普文類則多屬於「說明文」。因此，當這種說明文開始加入國文科的考題中，引起國文老師和學生們的極大震盪。但時勢所**趨**，這種「說明文」的確是我們生活閱讀的常見文類，我們也不能不多訓練孩子們閱讀。

不過好消息是，綜觀前三種文類，「**關鍵句的長相**」開始變得明顯，舉凡**明確表達作者感想、情懷、感受、觀點、論點的句子，都是關鍵句**。而在這個段落中，「我們應該先策劃一部電影，再依照這部電影的需求，扶植特效團隊」這句話便是**作者論點**，因此它便是這個段落中的核心關鍵句。

我曾看過一種說法是，關鍵句常以「**判斷句**」的形式出現。判斷句是「A 是 B」的結構，結合上述說法，我們在闡述觀點、論點、心得、感受時的確常會出現「是」這個繫詞，因此這種判斷方式也是相當合理且可參考的。而在此句話中，作者的論點是用「**應該**」這個詞來做論述，因此「**應該**」、「**應當**」等詞也是這種論點關鍵句的常見用詞。

分析至此，有沒有覺得比較好判斷「關鍵句」身在何處了呢？

不過到這裡還不夠，我們仍要進入最後一個問題，透過這些關

鍵句和關鍵詞彙解釋這個段落的意涵。根據「電影藍圖」、「好劇本」、「好製作案」三個關鍵詞和「我們應該先策劃一部電影，再依照這部電影的需求，扶植特效團隊」此關鍵句，可看出本段落意涵應該是：**我們應該先策劃一部電影，為電影尋找好劇本、好製作案，再依照電影需求去扶植特效團隊**。如此一來，本段話的意涵有沒有很清楚？

最後再來看看本題完整的題目：

> 「電影本身就如同造船的藍圖，而電影特效是螺絲釘，我們應該先策劃一部電影，再依照這部電影的需求，扶植特效團隊，而不是扶植了特效團隊後，卻不知道這個特效團隊將來要為誰工作。因此，臺灣電影產業現在面對的難題是藍圖的問題，好劇本在哪裡？好製作案在哪裡？而不是只會埋頭苦幹，努力研發螺絲釘，雖然這也很重要，但先有藍圖，等整個市場有起色後，再去扶植，力量才會更大。」下列敘述何者最符合這段文字的觀點？
>
> (A) 好的劇本和製作案是發展電影產業的根本
> (B) 電影要有好的特效，才能吸引廣大的觀眾
> (C) 策劃一部電影，需要先開發市場，再打造藍圖
> (D) 製作電影的過程中，每個環節都是重要的螺絲釘

有沒有發現，當你畫對重點，思考過段落要旨後，答案變得很好選呢？

■ 例子可刪除，專注分析關鍵句

接著我們再來看第二個例子，107 年的第 7 題：

＿＿＿＿＿＿＿。螢光幕上的偶像，為了迎合「大眾」，用浮濫的口語自以為雅俗共賞。以報紙標題為例，形容詞用「爆」，用「不行」……，某個東西好吃，說法是「好吃到不行」，還有「好看到不行」、「好聽到不行」，一個「不行」，囊括了所有的感覺。當人們不再用準確的文字描述世界時，有一天，世界的細緻之處會不會也消失不見？

這段文字開頭畫線處點出段落要旨。據此判斷，應填入下列何者最恰當？

(A) 偶像總能帶動風潮，使青少年趨之若鶩
(B) 媒體已注意到生活語言有庸俗化的傾向
(C) 文字的奧妙之處，在於能兼顧小眾與大眾的品味
(D) 文字的口語化與粗俗化，正壞蝕我所理解的世界

本題題目明確點出「這段文字開頭畫線處點出段落要旨。據此判斷，應填入下列何者最恰當？」因此，這題便是請考生根據後文判斷段落要旨，據此答題。按照一般的讀題習慣，四個選項都有隱隱與題幹相合之處，可說這題的選項誘答力極強，不易選出最佳解。因此面對這種題目時，我們更應遮住選項，不讓選項影響我們的思考，先好好理解題幹要旨，畫下關鍵句後再看選項，避免被其他選項誘答。

接下來我們好好看看題幹剩餘的文字敘述：

螢光幕上的偶像，為了迎合「大眾」，用浮濫的口語自以為雅俗共賞。以報紙標題為例，形容詞用「爆」，用「不行」……，某個東西好吃，說法是「好吃到不行」，還有「好看到不行」、「好聽到不行」，一個「不行」，囊括了所有的感覺。當人們不再用準確的文字描述世界時，有一天，世界的細緻之處會不會也消失不見？

我們須憑藉這段文字去判斷段落要旨，接著我一樣提供二個思考步驟，協助大家思考段落要旨：

1. 如果將段落的三個句子分成「例子」和「作者的感受」兩個部分，請問你會怎麼區分？
2. 分析後，請畫下關鍵句（作者的感受），並按照你所畫的重點句及關鍵詞彙，解釋這段話的段落意涵。

在這三個句子中，孩子們較為無法辨析的是第一句「螢光幕上的偶像，為了迎合『大眾』，用浮濫的口語自以為雅俗共賞」，至於第二句明顯是例子，第三句則明顯是作者的感受。因此需要討論的只有第一句。而第一句話，因為它在說明的也是一種事實現象，故也應歸類為例子，而非作者感受，故真正在說明作者感受的只有第三句話。通過這個段落分析，再結合我們之前所言的第一個原則：**明確表達作者感想、情懷、感受、觀點、論點的句子，都是關鍵句**，此段落的關鍵句是不是就能畫下來了呢？

由上分析，本段落關鍵句很明顯就是：「當人們不再用準確的文字描述世界時，有一天，世界的細緻之處會不會也消失不見？」那麼我們再來思考這句話的意涵。回到之前思考句義的方式：請找出這句話的關鍵詞彙。敏感一點的人應該可以很快地畫出「準確的文字」和「世界的細緻之處」等關鍵詞，因此本段落的段落要旨應為：**我們應當善用準確的文字描述世界的細緻之處**。或者再結合前方所引的反向例子，也可將段落大意聚焦為：**粗糙的文字毀壞我們對這世界細緻的感受**。如此一來，再結合選項，答案是不是就很明顯了呢？

例子

螢光幕上的偶像，為了迎合「大眾」，用浮濫的口語自以為雅俗共賞。以報紙標題為例，形容詞用「爆」，用「不行」……，某個東西好吃，說法是「好吃到不行」，還有「好看到不行」、「好聽到不行」，一個「不行」，囊括了所有的感覺。**當人們不再用準確的文字描述世界時，有一天，世界的細緻之處會不會也消失不見？**

作者的感受

　　在這種題型中，如果我們把前方的例子也一起帶入思考，我們就會被選項中「偶像」、「媒體」等詞彙誘導，那麼四個選項就似乎各有可選之處。但是如果我們聚焦到本段落的關鍵句：「當人們不再用準確的文字描述世界時，有一天，世界的細緻之處會不會也消失不見？」此話時，能與本句話做前後相對應的只有「(D) 文字的口語化與粗俗化，正壞蝕我所理解的世界」這個選項。因此，能否畫下**關鍵句並聚焦思考**，變成在現在這種素養導向型，且選項誘答力極強的考題之中，是否選出正確答案的關鍵能力。

　　因此，在分析完段落文字的作用後，不妨**忽略段落舉例處，專注分析關鍵句的句義**，只要如此，就能直接對應出和段落意旨最相關的選項。

我們再來看另一個類似的例子，在 107 年國文會考的第 14 題：

> 「我們的情緒狀態有很大一部分是取決於我們在注意什麼，一般是聚焦於目前在做的事情上。例如想從吃得到快樂，必須注意到自己正在吃。否則，花同樣時間在吃東西，但是把吃和別的活動綜合在一起，吃的快樂就被稀釋了。」下列何者與這段文字的涵義最接近？
>
> (A) 人的好惡常因外在事物改變
> (B) 專注於情緒的控制就能得到快樂
> (C) 主觀感受與關注的事情密切相關
> (D) 追求物質享受無法得到真正的快樂

這一樣是一題選項誘答力極強，很難選出正確答案的一題。相信很多人看到正確答案後，甚至會覺得爲何另一個選項不行？然而這題如果在思考時就用上方才提及的幾個方法，你會發現，選項其實也不難選出喔！請先專注看著下列題幹文字：

> 我們的情緒狀態有很大一部分是取決於我們在注意什麼，一般是聚焦於目前在做的事情上。例如想從吃得到快樂，必須注意到自己正在吃。否則，花同樣時間在吃東西，但是把吃和別的活動綜合在一起，吃的快樂就被稀釋了。

這題的思考方式和上題完全一樣，請循著這二個問題思考：

1. 如果將本段落分成「例子」和「論點」兩個部分，請問你會怎麼切分？
2. 分析後，請畫下關鍵句，並按照你所畫的重點句及關鍵詞彙，解釋這段話的段落意涵。

我想這題的段落結構應當更好區分，很多人會毫不猶豫地把分隔線畫在第一個句點上，因為後兩句明顯是例子，第一句是論點。

> **論點**
> 我們的情緒狀態有很大一部分是取決於我們在注意什麼，一般是聚焦於目前在做的事情上。例如想從吃得到快樂，必須注意到自己正在吃。否則，花同樣時間在吃東西，但是把吃和別的活動綜合在一起，吃的快樂就被稀釋了。
>
> **例子**

因此，要解析本段落意涵僅須聚焦於「我們的情緒狀態有很大一部分是取決於我們在注意什麼，一般是聚焦於目前在做的事情上」此關鍵句解釋即可。而在這個句子中的關鍵詞彙是「情緒狀態」和「注意」、「聚焦」等詞，那這些關鍵詞彙之間的關係為何？循此思考，我們便可解出本段落的意旨是：**我們的情緒狀態會受到我們對注意事務的聚焦程度所影響，此即越聚焦則情緒狀態越強烈，越分散焦點則情緒濃度會下降。**這就是這段話的意旨，思考至此，我們便會直接選擇 (C) 選項。其實段落後方提及的「快樂」僅是作為例子，可是很多人不察，就會以為本段話在說明人要如何獲得快樂，也就會選擇其他誘答選項。因此在類似題目中，**專注分析關鍵句的句義，直接找出對應答案**，就是一個最適合的思考解題策略。

■ 關鍵句通常是正向敘述

上面的範例題目結構尚且明顯，但有沒有可能遇到題目難以區分結構呢？當然也會有，這時我們該怎麼辦？且看 109 年第 3 題：

> 　　「人生何嘗不像一場競賽。跑得慢的人有些會怨天尤人，一路上窩囊委屈；有的卻抱著龜兔賽跑的精神，努力不懈直到終點。而那些跑得快的也不見得永遠領先，有的後繼無力被人超前，有的半路摔倒一蹶不起，選擇放棄。因此，＿＿＿＿＿＿＿＿＿＿＿＿。」
> 根據文意，畫線處填入下列何者最恰當？
>
> (A) 人生的競賽往往是暗潮洶湧的　　(B) 臺前風光是背後汗水累積而成
> (C) 勝敗皆由天定，無須怨天尤人　　(D) 堅持到底的人才是最後的贏家

這題的題目也是要根據題幹敘述判斷段落意涵，才能選出一個答案填入畫線處。倘若真的要分結構，那前面應為論證，「因此」之後為論點，而本題即要我們根據論證去推論作者的論點為何，所以前方兩句不可再分。此時，我們要怎麼找出關鍵句？

在這裡，我想請你依你的直覺，在題幹敘述中挑出一句關鍵句。我相信如果你是語感較好的人，你會很直覺地挑出「有的卻抱著龜兔賽跑的精神，努力不懈直到終點」這部分的陳述。為何如此？我們來分析一下此處陳述與其他部分的不同。

以下再把題幹敘述切為幾小部分來分析：

> ①人生何嘗不像一場競賽→總起
> ②跑得慢的人有些會怨天尤人，一路上窩囊委屈→負向描述
> ③有的卻抱著龜兔賽跑的精神，努力不懈直到終點→正向描述
> ④而那些跑得快的也不見得永遠領先，有的後繼無力被人超前，有的半路摔倒一蹶不起，選擇放棄→負向描述

在本段文字中，①是提出觀點開始敘述，而②③④則做論證，因此我們須依照②③④的內容來做判斷。而在②③④的內容中，②④爲負面描述，僅有③爲正面描述，因此我們很快就能判斷出本段文字要強調的是「努力不懈直到終點」的精神，其關鍵詞應爲「龜兔賽跑」和「努力不懈」，此關鍵詞直接與選項 (D)「堅持到底的人才是最後的贏家」直接呼應，接著我們很快就能選出答案。

看到這裡，不知你心中會不會浮現一個問題，就是：什麼是「正向敘述」？什麼是「負向敘述」？一般而言，「正向敘述」指的是有正向觀感、意涵、論點的描述，通常使用的詞彙也都是正向詞彙，例如上方使用的「努力不懈」一詞，就屬於正向詞彙。而「負向敘述」則是表達一些負面的感受、思想、否定用法或負面詞彙，如上方使用的「怨天尤人」、「窩囊」、「委屈」、「後繼無力」、「一蹶不起」等詞，都屬於負面詞彙。

用同樣的判準來看 109 年的第 8 題：

> 「和你的詩作凍結在一起或因某幾首詩而大獲激賞是痛苦的事。真正的生命存在於寫作當中，而非經年累月一再朗讀同樣的幾首詩。我們不斷的需要有新的洞察和觀點，我們的生活也非一成不變。你無法在幾首詩裡便挖掘出永恆不滅的真理。」就創作而言，這段文字的觀點，與下列何者最接近？
>
> (A) 持續寫作，就能成就不朽的巨作
> (B) 創作應力求突破窠臼，不斷創新
> (C) 師法各家作品，塑造自我的風格
> (D) 嘗試不同的生活，激發創作靈感

　　我們再細分這個段落的文句，以一個句號或逗號將它們一一分開再分析之：

①和你的詩作凍結在一起或因某幾首詩而大獲激賞是痛苦的事
　→負向敘述
②真正的生命存在於寫作當中→正向敘述
③而非經年累月一再朗讀同樣的幾首詩→負向敘述
④我們不斷的需要有新的洞察和觀點→正向敘述
⑤我們的生活也非一成不變→負向敘述
⑥你無法在幾首詩裡便挖掘出永恆不滅的真理→負向敘述

　　在①之中，「凍結」和「痛苦」是屬於負面詞彙，在③⑤⑥中，「非」和「無法」是否定用詞，因此這四個陳述方式都屬於負向敘述；而②和④則明顯屬於正向敘述，因此，我們就可知關鍵句會落在「真正的生命存在於寫作當中」和「我們不斷的需要有新的洞察和觀點」兩部分的陳述。請將這兩部分畫線後，我們再來統整解釋本段落意涵。

　　在這兩部分中，我們又可提取出「真正的生命」、「寫作」、「新的洞察和觀點」等關鍵詞彙，統整來說，可歸納出下列意涵：**寫作須不斷創新，產生新的洞察和觀點，才能體現真正的生命**，而與本意涵直接對照的就是 (B) 創作應力求突破窠臼，不斷創新，如此一來，我們便可選出答案。循此方式，反覆練習，相信你對於「關鍵句」的長相、「關鍵詞彙」的提取，和「段落意涵」的解釋方式將能更加嫻熟，在考試時就能更加快速掌握方向，正確答題。

■ 抽取關鍵詞彙或關鍵概念，釐清關鍵詞彙（概念）之間的關係

在目前的國文科考題中，還會出現某些科普文類的說明文書不出特定關鍵句時，就必須使用這種分析技巧。例如 107 年的第 9 題：

> 「自然界中，在透明度較高的水清水域，通常硝酸鹽、磷酸鹽等營養鹽的含量較少，相反地水濁時含量較多。營養鹽一旦缺乏，植物性浮游生物就發育不好，以它維生的動物性浮游生物就會變少，連帶影響取食動物性浮游生物的小魚和取食小魚的大型魚的生存。」根據這段文字，下列推論何者正確？
>
> (A) 水域混濁時，大魚數量會減少
> (B) 水域清澈時，浮游生物容易繁殖
> (C) 在浮游生物多的水域中，魚類較容易生存
> (D) 同一水域中，動物性與植物性浮游生物的多寡成反比

要釐清這段題幹敘述，就必須明白「水清」、「水濁」、「營養鹽含量」、「植物性浮游生物」、「動物性浮游生物」、「小魚」、「大魚」這些關鍵詞彙之間的關係。因此讀完這段文字，我們要能釐清下列關係表：

水濁→營養鹽多→植物性浮游生物多→動物性浮游生物多→小魚多→大魚多	水清→營養鹽少→植物性浮游生物少→動物性浮游生物少→小魚少→大魚少

就此關係表釐清後，再一一對照選項，即可發現只有 (C) 選項的敘述正確。

又如 109 年第 4 題也是類似題目：

> 「野生動物隨著環境會發展出新的生活方式。城市中的灰色松鼠比鄉下的較快對威脅產生反應，牠們不吱吱叫驅趕敵人，而是垂下尾巴來警示敵人。」根據這段文字，下列敘述何者最不恰當？
>
> (A) 城市松鼠會因環境改變毛色
> (B) 城市松鼠會以垂下尾巴示警
> (C) 鄉下松鼠對威脅的反應較慢
> (D) 鄉下松鼠以吱吱叫驅趕敵人

根據本段文字敘述，我們需釐清「城市松鼠」和「鄉下松鼠」面對「威脅」時的反應差異：

	城市松鼠	鄉下松鼠
對威脅的反應速度	較快	較慢
示警方式	垂下尾巴來警示敵人	吱吱叫驅趕敵人

由此可知城市松鼠並沒有因環境而改變毛色，故 (A) 選項最不恰當。

科普類的說明文通常著重釐清幾個關鍵詞彙或關鍵概念之間的關係，倘若能清楚辨別此說明文之概念，就能選出正確答案。

在這裡，我為段落型閱讀題目整理出四個釐清段落要旨的技巧，但無論哪種技巧，都需要平日反覆練習，練習透過題幹文字敘述理解該段落文字大意，並用你自己的話陳述看看。下方是白話文段落題目的練習題，請根據我的問題指示前進，試著運用上述技巧，用自己的話去解釋這些段落的要旨吧！

段落要旨詮釋

1.

> 　　獅頭山、貢丸湯雖然不能盡如我意，但意外造訪的城隍廟，熱鬧非凡，街邊隨興吃的豬血糕，分量大、糯米香，反倒有了意外驚喜。人生就是這樣吧，無心插柳的事多了，正好提供期待之外的另一番樂趣。

作者在這段文字中透露了哪一種觀點？

思維引導

　　本段落的關鍵句應是作者的心得、感受，故找出關鍵句後，透過關鍵句中的關鍵詞彙進行思考。

我的答案

答：

參考答案

　　作者透過自身去旅遊的經驗領悟：在人生中，刻意安排未必能盡如人意，但順其自然反而可能擁有意料之外的樂趣。

解題思維

　　這一題的題幹文字共有兩句，前句是在敘述自身旅遊經驗，故為事例；而後句則是作者感想，所以後句才是關鍵句。在「人生就是這

樣吧，無心插柳的事多了，正好提供期待之外的另一番樂趣」，根據「無心插柳的事」和「提供期待以外的樂趣」可推測，本段落文字在說順其自然反而可能擁有意外的樂趣。

2.

> 　　宣紙有生熟之別，互有利弊，各隨所好而已。生紙易滲水墨，筆頭水分要控制得宜，於溼乾濃淡之間顯出揮灑的韻味。嘗見有人作畫，急欲獲致水墨滲渲的效果，不斷的以口吮毫，一幅畫成，舌面盡黑。工筆畫，正楷書，皆宜熟紙。不過亦不盡然，我看見過徐青藤花卉冊頁的複製品，看那淋漓的水渲墨暈，不像是熟紙。

根據這段話的描述，請問宣紙中的生紙和熟紙各自適合哪種類型的作品，請推斷適宜的原因爲何？

🔍 思維引導

　　本題幹主要陳述「生紙」、「熟紙」兩者的差異，因此宜找出描述生紙、熟紙特色的句子，再根據那些句子去做判斷。

🔍 我的答案

紙類	適合作品類型	適合的原因
生紙		
熟紙		

參考答案

紙類	適合作品類型	適合的原因
生紙	有水渲墨染效果的畫（水墨畫）	生紙易滲水墨，若能得宜控制筆頭水分，可以顯出揮灑的韻味。
熟紙	工筆畫 正楷書	書寫正楷與進行工筆畫時，並不講求顯現揮灑韻味，也不宜使水墨滲漏，因此可推知較適合使用熟紙。

解題思維

　　本段文字是典型的說明文，主要介紹生紙、熟紙的特色，及其各自適合的繪畫類型為主幹，故閱讀本段文字應先找出介紹生紙、熟紙特色的句子。在本段文字中，「生紙易滲水墨，筆頭水分要控制得宜，於溼乾濃淡之間顯出揮灑的韻味」一句是說明**生紙特色**，而「工筆畫，正楷書，皆宜熟紙」則是說明**熟紙特色**，故這兩句話是本段文字的關鍵句。又以此二句可推得生紙易滲水墨，適合有水墨渲染效果的畫作；反之，熟紙則不易滲水墨，故適合筆畫精細的工筆畫和正楷書。

（三）落落長一段，重點在哪裡？——題組類思考路徑

國文會考的題組題每次都有六大題，四大題是白話文題目，兩大題則是文言文，大多是閱讀題型。白話題組題的文章類型不一，有圖表題、學生們習慣的文學類篇章，也有科普類或歷史、社會學門的文章，充分體現國文會考題目取材的廣度。閱讀理解能力好的孩子能在題組題上充分發揮，不夠好的孩子也會因難以正確掌握文意而在此時痛苦萬分。所以我們盡可說，一個孩子的閱讀理解能力如何，就會在此時充分地被檢驗出來，故平日的訓練還是最重要的。

那麼，這種題組題有沒有相應的解題技巧呢？基本上，和前面解讀段落題旨的技巧十分類似，只是再多增加一個部分，大致可歸納於下面四點：

1. 先看題目鎖定閱讀目標。
2. 確認文句書寫意義。
3. 尋找、畫下關鍵概念或關鍵句。
4. 透過關鍵概念或關鍵句進行文章重點理解。

第 3、4 點所使用的技巧和前方相似，所以運用的方法也一樣。以下我們直接引用一個題組題目來做說明。

下頁是 109 年第二個題組：

　　小時候陪母親上市場，夏天裡總要買塊冬瓜回去煮湯。母親將冬瓜削皮切成小片，用蝦米和蔥爆香油鍋，再將它們投進煮沸了水的湯鍋中。煎成焦黃的蝦米吱吱叫著，冬瓜片一進鍋裡就安靜下來，蝦米的燙熱和疼痛彷彿都獲得了安撫。

　　我一直覺得，媽媽的冬瓜湯，已經是冬瓜最好的料理方式了，這想法被鄰居賈媽媽的冬瓜盅徹底顛覆。賈媽媽有次宴客，當她將一顆矮矮的冬瓜蓋子打開來，我看見裡頭的羹湯時，驚詫到說不出話來。香菇與干貝的氣味混著冬瓜的清香，那湯汁說不得混也說不得清。賈媽媽說她先將肥大香菇泡發，加上金黃色的干貝燉湯，倒進挖空的冬瓜裡再蒸一遍。那夜賈家姐妹來叫我，說賈媽媽留了冬瓜盅給我，他們家的客人已經離開了。我們穿越煙霧彌漫混著酒氣的客廳，走進杯盤狼藉的廚房，冬瓜盅裡的湯汁僅剩一點點，我們拿起小湯匙，挖著冬瓜肉吃，被湯汁潤透的冬瓜肉透明著，不可思議的美味。

　　很多年後，我在一家餐廳吃飯，冬瓜盅上了桌，我起鬨說要用湯匙舀起瓜肉來吃才過癮。興致勃勃的舀起冬瓜的那一刻，眼睛忽然酸熱起來。我想起賈家早逝的那個兄弟，各自遠嫁卻又不斷飄泊的姐妹，想起我們擠在一起挖冬瓜吃的那個永遠不會返來的童年時光。

　　此刻，我獨自提著一片薄薄的冬瓜回家，仍是用母親煮湯的方式料理，而我的心裡藏著的是繁複美麗的冬瓜盅。我有時候羨慕冬瓜煮過就透明了，人生卻要經歷多少的烹煮，才能夠明明白白？

　　　　　　　　　　　　──改寫自張曼娟〈一片薄薄的冬瓜〉

37. 根據本文，下列敘述何者最恰當？
(A) 母親的冬瓜湯會加入泡發的香菇和干貝
(B) 賈媽媽的冬瓜盅須用蝦米和蔥爆香油鍋
(C) 作者覺得吃過最好的料理是母親的冬瓜湯
(D) 作者認為賈媽媽的冬瓜盅的做法較為繁複

38. 關於本文的寫作分析，下列敘述何者最恰當？
(A) 以倒敘的手法鋪陳對冬瓜料理的情感
(B) 依序使用視覺、聽覺、嗅覺來摹寫冬瓜盅
(C) 藉著容易煮透的冬瓜思索不易透澈的人生
(D) 由多年後再喝母親的冬瓜湯勾起童年的回憶

在看這種題組題目時，請記得還是要**先看看下方題目，確認文章閱讀目標**，將可使閱讀題幹文章時更能掌握重點。此處的兩題一者在考「敘述何者最恰當」，這樣的題目在考學生是否有看懂內文陳述；一者考「寫作分析」，包含寫作技巧和主旨分析兩者，所以要答對這兩題，學生須**看懂內文陳述、判別相關寫作技巧及了解文章主旨**。這同時也是這種題組白話題最易考的三種方向。

然而孩子們對這種題目類型和考試趨向想必不陌生，因為這也是國文科閱讀訓練的主要方向，因此只要能在平日有好好被訓練，這種題目對孩子來說應該不算太難。當然前提是：**文章須看得懂。**

下列我們就本文做一個簡單的文本分析，建議孩子們未來在閱讀文章時，也都能有意識地這樣看文章，將可有效訓練起自己閱讀文章的思維能力。

1. 先看題目鎖定閱讀目標

每當我們閱讀一個文本時，還是必須習慣性地從「標題」先閱讀起。因為**「標題」通常就是一篇文章的關鍵詞彙或關鍵概念**，它才會成為標題。所以**「標題」基本上就是我們第一個閱讀聚焦重點，它會讓我們對文本有個初始印象或概念**，而最後我們也將透過內文了解作者下此標題之意義。

本文改寫自張曼娟〈一片薄薄的冬瓜〉，因此「一片薄薄的冬瓜」就是本文想書寫之物。一般而言，這種文章都不會是純詠物，大多是「藉物抒情」或「藉物說理」。而本文作者是張曼娟，故作者藉「一片薄薄的冬瓜」來抒情的可能性較高。這是我們在接觸這個標題時可下的第一個猜測或判斷。

在平日閱讀時，我們通常不會略過標題，可是在考試時，大多數人通常不會注意標題。即使有些文章標題與內容無關，不過有些標題還是很有意義。比如 108 年的第一個題組改寫自黃碧端〈愛憎童蒙〉，這個題目就完全寫出了整篇文章的重點。本標題可拆成三組關鍵概念「愛」（喜歡）、「憎」（討厭）、「童蒙」（孩子），而本文幾乎就圍繞在「喜歡孩子」和「討厭孩子」兩條軸線上做書寫，這就是觀看標題可掌握內文方向一個很好的範例。

2. 確認文句書寫意義

接著進入到內文後，我們在閱讀時可做更有意識的分析式閱讀。下列我將分段說明我在閱讀每個段落時，我會如何確認每個文句背後的書寫意義。

第一段

· 小時候陪母親上市場，夏天裡總要買塊冬瓜回去煮湯。
  →母親常在夏天時煮冬瓜湯
· 母親將冬瓜削皮切成小片，用蝦米和蔥爆香油鍋，再將它們投進煮沸了水的湯鍋中。煎成焦黃的蝦米吱吱叫著，冬瓜片一進鍋裡就安靜下來，蝦米的燙熱和疼痛彷彿都獲得了安撫。
  →母親煮冬瓜湯的方式

第二段

- 我一直覺得，媽媽的冬瓜湯，已經是冬瓜最好的料理方式了，這想法被鄰居賈媽媽的冬瓜盅徹底顛覆。
  →賈媽媽的冬瓜盅更厲害

- 賈媽媽有次宴客，當她將一顆矮矮的冬瓜蓋子打開來，我看見裡頭的羹湯時，驚詫到說不出話來。香菇與干貝的氣味混著冬瓜的清香，那湯汁說不得混也說不得清。
  →第一次看到賈媽媽冬瓜盅的感覺和印象

- 賈媽媽說她先將肥大香菇泡發，加上金黃色的干貝燉湯，倒進挖空的冬瓜裡再蒸一遍。→賈媽媽煮冬瓜盅的方式

- 那夜賈家姐妹來叫我，說賈媽媽留了冬瓜盅給我，他們家的客人已經離開了。我們穿越煙霧彌漫混著酒氣的客廳，走進杯盤狼藉的廚房，冬瓜盅裡的湯汁僅剩一點點，我們拿起小湯匙，挖著冬瓜肉吃，被湯汁潤透的冬瓜肉透明著，不可思議的美味。
  →第一次吃賈媽媽冬瓜盅的回憶和感覺

第三段

- 很多年後，我在一家餐廳吃飯，冬瓜盅上了桌，我起鬨說要用湯匙舀起瓜肉來吃才過癮。興致勃勃的舀起冬瓜的那一刻，眼睛忽然酸熱起來。→多年後在餐廳吃到冬瓜盅，突然湧現情緒

- 我想起賈家早逝的那個兄弟，各自遠嫁卻又不斷飄泊的姐妹，想起我們擠在一起挖冬瓜吃的那個永遠不會返來的童年時光。
  →湧現情緒的原因

第四段

- 此刻，我獨自提著一片薄薄的冬瓜回家，仍是用母親煮湯的方式料理，而我的心裡藏著的是繁複美麗的冬瓜盅。
  →長大後的自己煮著母親的冬瓜湯，懷念著賈媽媽的冬瓜盅

- 我有時候羨慕冬瓜煮過就透明了，人生卻要經歷多少的烹煮，才能夠明明白白？→作者對於「一片薄薄的冬瓜」的聯想感受

有此分析，便能解決「看懂內容文意」型的相關問題。比如 37 題，我們就可針對選項一一分析如下：

選項	分析
(A) 母親的冬瓜湯會加入泡發的香菇和干貝	母親的冬瓜湯不會加入泡發的香菇和干貝，賈媽媽的冬瓜盅才會。
(B) 賈媽媽的冬瓜盅須用蝦米和蔥爆香油鍋	賈媽媽的冬瓜盅不用蝦米和蔥爆香油鍋，母親的冬瓜湯才需要。
(C) 作者覺得吃過最好的料理是母親的冬瓜湯	作者覺得吃過最好吃的料理是賈媽媽的冬瓜盅。
(D) 作者認為賈媽媽的冬瓜盅的做法較為繁複	正確，故本題答案是 (D)。

一個閱讀理解能力好的人，會這樣結構式地看一篇文章。在他腦中，他**不僅能解讀這些文句的表面意涵，更能分析每個文句背後的書寫意義。**正確來說，其實我們很需要孩子在國中三年的訓練之下能擁有這樣的閱讀理解能力，讓他更有意識地去看懂文章背後涵藏的概念和邏輯，所以這可以是老師陪學生們一起努力的目標。

3.尋找、畫下關鍵概念或關鍵句

上方策略足以解決內文細節的解讀，但要理解文章要旨，仍須找出文章的關鍵詞彙（概念）和關鍵句進行解讀。就關鍵詞彙來說，有反覆提及的就是「母親的冬瓜湯」和「賈媽媽的冬瓜盅」，因此這應該是兩個最主要的關鍵詞彙，其中又以**賈媽媽的冬瓜盅**更為重要。

接著就尋找關鍵句的策略，本文的關鍵句應出現在表達作者情緒、感受和想法的句子上，故分析後，應為「興致勃勃的舀起冬瓜的

那一刻，眼睛忽然酸熱起來」、「我想起賈家早逝的那個兄弟，各自遠嫁卻又不斷飄泊的姐妹，想起我們擠在一起挖冬瓜吃的那個永遠不會返來的童年時光」和「我有時候羨慕冬瓜煮過就透明了，人生卻要經歷多少的烹煮，才能夠明明白白？」此三句。

4. 透過關鍵概念或關鍵句進行文章重點理解

最後，我們再根據上述關鍵概念和關鍵句進行文章要旨分析。

關鍵句	句子分析
1. 興致勃勃的舀起冬瓜的那一刻，眼睛忽然酸熱起來	「眼睛忽然酸熱起來」代表作者內心突然有了情緒，致使她突然想流淚。那麼究竟是怎樣的情緒呢？此處要判斷須配合下句。
2. 我想起賈家早逝的那個兄弟，各自遠嫁卻又不斷飄泊的姐妹，想起我們擠在一起挖冬瓜吃的那個永遠不會返來的童年時光	「賈家早逝的那個兄弟」和「各自遠嫁卻又不斷飄泊的姐妹」代表故人難再聚，而下句更明確表示出美好的童年時光已經一去不復返了，因此作者此時的情緒應為「感傷」，**感傷故人離散和美好時光的永遠逝去**。
3. 我有時候羨慕冬瓜煮過就透明了，人生卻要經歷多少的烹煮，才能夠明明白白？	a. 此部分最難解的是：「人生卻要經歷多少的烹煮，才能夠明明白白？」此時須可著重分析「烹煮」和「明明白白」此兩個關鍵詞的背後延伸意涵。 b.「烹煮」是用熱水滾燙，而人生的烹煮或可延伸為**人生困境的試煉**一意。接著「明明白白」代表的可能是**明白人生的許多道理**，因此將此句話換句話說，也可解釋做：**一個人要經過多少人生困境的試煉，才能夠真正明白人生的道理？**此即為作者對於「一片薄薄的冬瓜」所延伸出的聯想感受。

　　由上面分析可知，作者藉由「一片薄薄的冬瓜」回想起媽媽的冬瓜湯和印象最深刻的賈媽媽的冬瓜盅。而如今吃到冬瓜盅時卻有物是人非之感，也感傷舊有的美好時光是再也回不來了。最後再藉由容易煮透的冬瓜對比不易明白的人生道理，此即為本文意涵。分析至此，再看 38 題，答案 (C) 便躍然浮現。

　　你有沒有發現，循此步驟前進，我們就能確實掌握一篇文章的內文細節和通篇要旨囉！然而這個技巧不只是答題技巧，而是一種**基本閱讀理解技巧**。也就是說，我們應當訓練孩子們習慣用這樣的思維模式去對文章進行閱讀理解，讓孩子們養成習慣後，孩子自然能更正確地理解每篇文章的意涵，也在現在的素養導向試題中能有機會精確解讀題目，進而獲得正確答題的機會。

　　不僅如此，這更是孩子們一輩子帶著走的能力，但凡他未來有機會或有需要透過閱讀來汲取自己需要的知識、解決自身的問題時，都可以對文字做正確的理解和詮釋，也才真正有機會通過閱讀幫助自己。因此，循此步驟前進，打好閱讀基本功，才是最重要的一件事喔！

題組文章閱讀

　　在父親與族人的注視之下，年輕的莫那魯道，靜靜躺在自己家中的地面上。他不說一語，態度宛如岩石一般沉靜，更像是和整個大地融為一體。他身上蓋著苧麻編織成的白色毯子，一直覆蓋到脖子的下方。那毯子上面如同晚霞一般美麗的紅色圖騰，正是母親親手編織而成的傑作。

　　在流動緩慢的時間裡，莫那試著讓自己的呼吸不要因紋面儀式到來而變得急促。但當他從仰視的視野看著滿臉皺紋的老嬤嬤將紋面工具一一放在自己左耳附近時，他的心，仍像是大雨過後的溪流，有種難以抑止的澎湃。

　　對賽德克族而言，紋面，是一個人生命中最重要的一個儀式。

　　每個賽德克族新出生的生命，不管男女，在年幼時都會在額頭上刺上額紋。那是一種「生命」的表徵，也代表著祖靈的眷顧，用以保護他們長大。但是只刺上額紋的人，並還不能獲得成為一個賽德克‧巴萊——「真正的人」的資格。

　　要成為賽德克‧巴萊，賽德克族的男子必須要有精湛的狩獵技巧，並且成功出草獵回人頭之後，才能在頭目的見證之下，於下巴紋上代表成年的頤紋。至於女子得以紋面的資格，則是必須努力學習有關編織的知識與技術，從採麻、搓麻、織布到縫衣都必須精通，等到有一天她織布的技巧獲得部落長老的認同之後，才能於臉頰兩側刺上頰紋。

　　對賽德克族人而言，只有臉上有刺紋的人，才能結婚擁有後代；臉上沒有刺紋的人，將永遠被視為小孩，永遠被譏笑，將來死後也不能通過彩虹橋去見祖靈。

　　可以說，沒有紋面對於一個賽德克族人而言，是一種最羞恥的墮落。

——改寫自魏德聖《賽德克‧巴萊》

（1）請問年輕的莫那魯道在本文中正在準備進行哪種儀式？又，莫那魯道的心情如何？

我的答案

儀式名稱	
莫那魯道的心情	

參考答案

儀式名稱	紋面儀式
莫那魯道的心情	從「試著讓自己的呼吸不要因紋面儀式到來而變得急促」可以看出他有些緊張。同時也因即將到來的紋面儀式，代表他已通過成為「賽德克・巴萊」的考驗，可能感到期待與驕傲，因此心緒澎湃。

解題思維

　　根據「莫那試著讓自己的呼吸不要因紋面儀式到來而變得急促」一句，可知年輕的莫那魯道此時正準備進行的是「紋面儀式」。而透過此句話和「他的心，仍像是大雨過後的溪流，有種難以抑止的澎湃」，可知莫那魯道此時的心情應該是非常緊張、興奮或激動，才會有呼吸急促和心緒澎湃等反應。

（2）請根據本文，分別寫下額紋、頤紋、頰紋的位置，及要擁有這些紋面的資格。

我的答案

紋面	紋面位置	擁有紋面的資格
額紋		
頤紋		
頰紋		

參考答案

紋面	紋面位置	擁有紋面的資格
額紋	額頭	每個賽德克族的新生命，年幼時都會在額頭刺上額紋。
頤紋	下巴	擁有精湛狩獵技巧，成功出草獵回人頭的賽德克族男子。
頰紋	臉頰兩側	精通一切編織知識與技術，織布技巧受到部落長老認同的賽德克族女子。

解題思維

　　根據「每個賽德克族新出生的生命，不管男女，在年幼時都會在額頭上刺上額紋」此句話，可知額紋的紋面位置是「額頭」，而具紋面資格的是「每個賽德克族新出生的生命」。

　　根據「要成為賽德克・巴萊，賽德克族的男子必須要有精湛的狩獵技巧，並且成功出草獵回人頭之後，才能在頭目的見證之下，於下巴紋

上代表成年的頤紋」此句話，可知頤紋的紋面位置是「下巴」，而具紋面資格的是「擁有精湛狩獵技巧，成功出草獵回人頭的賽德克族男子」。

　　根據「至於女子得以紋面的資格，則是必須努力學習有關編織的知識與技術，從採麻、搓麻、織布到縫衣都必須精通，等到有一天她織布的技巧獲得部落長老的認同之後，才能於臉頰兩側刺上頰紋」此句可知頰紋的紋面位置是「臉頰兩側」，而具紋面資格的是「精通一切編織知識與技術，織布技巧受到部落長老認同的賽德克族女子」。

（3）請問是否擁有刺紋對賽德克族而言有何差異？

我的答案

擁有刺紋	
沒有刺紋	

參考答案

擁有刺紋	能結婚，擁有後代
沒有刺紋	永遠被視為小孩，永遠被譏笑，死後也不能通過彩虹橋去見祖靈，是最羞恥的墮落。

解題思維

　　根據「對賽德克族人而言，只有臉上有刺紋的人，才能結婚擁有後代；臉上沒有刺紋的人，將永遠被視為小孩，永遠被譏笑，將來死後也不能通過彩虹橋去見祖靈」和「沒有紋面對於一個賽德克族人而言，是一種最羞恥的墮落」兩句，可知在賽德克族裡，擁有刺紋才能結婚，擁有後代；而沒有刺紋則將永遠被視為小孩，永遠被譏笑，死後也不能通過彩虹橋去見祖靈，是最羞恥的墮落。

（四）圖文結合看不懂？——圖表類思考路徑

　　圖文對照的題型在目前考試的比例中似乎是增加了，在106～108年之間大約1～2題，但在109年間一口氣增加到5題（其中一題為題組題）。這種圖表類型的題目大家讀來也不陌生，在社會科、科普文之中常會運用，也充斥在我們生活周遭，因此讀來不陌生，但也因訊息較為紛陳雜亂，需要耐心一一分析、判斷、反覆對照、解讀。因此，圖表題的解題策略沒有什麼特別的途徑，不外乎兩點：

1. 先看題目理解閱讀任務。

2. 對照圖文，一一尋找線索。

　　倘若有較難的句子或段落須拆解分析，也運用前面的短句分析和段落分析策略即可。以下以109年國文會考第1題為例❼：[7]

熱衰竭與中暑的比較

熱衰竭
- 會流汗，所以皮膚比較潮溼
- 體溫大多是正常
- 虛弱及頭暈、頭痛

中暑
- 感覺身體很熱，皮膚乾燥發紅
- 體溫升高超過40.5℃
- 頭暈、頭痛，嚴重可致昏迷
- 快而強的脈搏

根據這張圖表，下列何者的症狀最可能是中暑？
(A) 冒汗而體溫正常的小健　　(B) 體溫過高不出汗的小康
(C) 大量流汗虛弱頭暈的小平　(D) 心跳加速體溫正常的小安

---

❼ 圖表類考題圖片皆為重製，原始題型呈現請參考國中教育會考網站「歷屆試題——國文科」，資料來源：https://cap.rcpet.edu.tw/examination.html

本題於圖中給了「熱衰竭」和「中暑」兩種現象的症狀，要我們判斷何者為中暑？接著我們就可依此線索判斷下列選項中的人物誰有中暑症狀。如果要稍微分析比較一下兩者，不難發現熱衰竭與中暑之間的差異如下：

	熱衰竭	中暑
流汗 / 皮膚狀況	會流汗，皮膚潮濕	身體燥熱，皮膚乾燥發紅（不流汗）
體溫	正常	高溫，可能超過 40.5℃
其他症狀	虛弱、頭暈、頭痛	頭暈、頭痛、可能昏迷、快而強的脈搏

由此分析比較，有流汗症狀的小健、小平都是熱衰竭；小安雖心跳加速，但體溫正常，也屬熱衰竭；唯有體溫過高不出汗的小康是中暑。如此分析對照就不難得出結果。

基本上，雖然國文科較少做圖表題訓練，但這種訓練在其他科目沒有少過，只要放點耐心進去判讀圖表題，圖表題一般都是比較好掌握分數的題目，希望各位可以好好把握喔！

圖文判讀練習

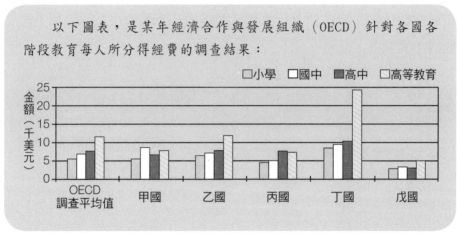

以下圖表,是某年經濟合作與發展組織(OECD)針對各國各階段教育每人所分得經費的調查結果:

根據這張圖表,下列敘述何者正確?請將正確的選項打 ✓,並寫出其他選項的錯誤之處。

思維引導

請分別找出各國、各階段教育、每人所分得經費此三部分,在圖中的對照位置,再依選項一一對照,判斷各個選項之敘述是否正確。

我的答案

正確	選項	錯誤之處
	(A)甲國小學生所分得的教育經費高於 OECD 調查平均值	
	(B)丙國國中生所分得的教育經費高於 OECD 調查平均值	

(C) 各國高等教育學生所分得的經費皆多於其他階段學生	
(D) 相較於其他國家，丁國高中生所分得的教育經費最高	

參考答案

正確	選項	錯誤之處
	(A) 甲國小學生所分得的教育經費高於 OECD 調查平均值	甲國小學生所分得的教育經費低於 OECD 調查平均值。
	(B) 丙國國中生所分得的教育經費高於 OECD 調查平均值	丙國國中生所分得的教育經費低於 OECD 調查平均值。
	(C) 各國高等教育學生所分得的經費皆多於其他階段學生	甲國國中生分得教育經費高於高等教育，丙國高中生分得教育經費高於高等教育。
✓	(D) 相較於其他國家，丁國高中生所分得的教育經費最高	

解題思維

　　如圖所示，回答此題先找出「各國」、「各階段教育」、「每人所分得經費」分別在圖中的位置，接著我們可根據下列的對照方式一一找出各題答案。

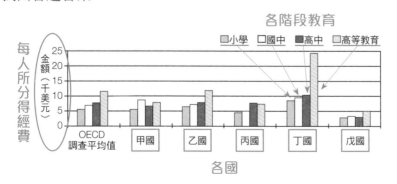

(A) 找出甲國小學生的教育經費以及 OECD 調查平均值的小學生經費,並進行比較。	(A) 甲國小學生所分得的教育經費高於 OECD 調查平均值 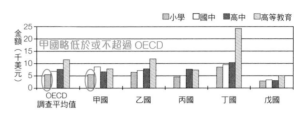
(B) 找出丙國國中生的教育經費以及 OECD 調查平均值的國中生經費,並進行比較。	(B) 丙國國中生所分得的教育經費高於 OECD 調查平均值 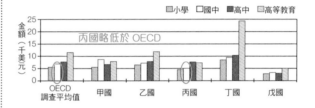
(C) 將各國各階段教育經費最高者圈出做比較。	(C) 各國高等教育學生所分得的經費皆多於其他階段學生 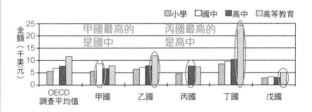
(D) 將各國高中生經費圈出,比較何國的高中生經費最高。	(D) 相較於其他國家,丁國高中生所分得的教育經費最高 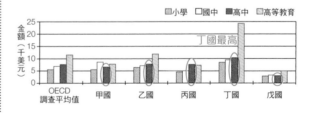

三、文言文閱讀題型

文言文為何難讀懂？──文言文能給我們的思考訓練

在中學生的國文科課文中，「文言文」究竟應佔多少比例的篇幅？

2017 年，教育部在討論新課綱比例時，把高中國文的文言文比例從 45% ～ 55% 之間，調降成 35% ～ 45%，一時之間引起廣泛討論。是否有必要學習那麼多的文言文，成為眾人討論的焦點。有些人認為文言文已是過去的文體，除了考試之外，在我們日常生活中已不再具備任何用途，因此就是全部揚棄也無所謂；另外支持保留文言文學習的人也提出各種學習文言文的好處，強調文言文學習之不可偏廢。雖然最後結果已定，但在這個爭論的過程之中，我覺得大家一起來思考「學習文言文的意義」，是更有價值的事。

大抵而言，覺得學習文言文沒有意義的多是從「實用性」來說，認為文言文已從現在社會中消失，除了考試之外，孩子們一輩子都用不上，我們又為何非要執著在文言文的學習上呢？事實上，我相信閱讀文言文在古代，也不算是普遍的能力。在古代，會識字和書寫的本就不是多數，因此依教育的普及程度來說，現代人讀得懂文言文的比例可能還比古代高。因此，如果許多古代人在讀不懂文言文的狀況底下，還是能夠一輩子安居樂業，我們現在又為何不行呢？只是，當我真要「讀書」之時，我們真能避開文言文閱讀的學習嗎？缺失了這塊，我們又會失去多少認識華夏文化的機會？因此，贊成文言文學習者多從「文化」層面來討論這件事，認為我們還是該讓孩子熟習文言文閱讀。

雖然在新課綱中，高中國文的文言文比例下降，但國中卻仍維持九年一貫的比例，以七年級 10% ～ 20%，八年級 20% ～ 30%，九年級 25% ～ 35% 的比例漸次成長。而在會考中，文言文則維持約 25 ～ 30% 的比例，每次約考 13 ～ 15 題左右，並沒有減少題目的**趨勢**。因此我們可以回頭來問：孩子們國中三年對於文言文的閱讀學習究竟有沒有辦法讓他們應付現在的文言文考題？

對於這個問題，我相信絕大多數國文老師都會搖搖頭，如同絕大多數的學生對於文言文題目都感到十分痛苦。因此我們就來想想：**為什麼？**

文言文和白話文是同一種文字表達系統嗎？

在回答上面的「為什麼」之前，我想先插播一個問題讓大家想想，那就是：**文言文和白話文是同一種文字表達系統嗎？**

我常在研習時問老師們這個問題，大多數老師都會覺得它們應該是同一種，最主要的原因是：**所使用的文字相同。**的確，文言文和白話文都是使用漢字為主，因此我們可以說它們是同一種文字系統沒錯，然而就「**表達**」的部分，似乎應該要再多增加一些元素，比如說：**詞彙意涵、語序結構……**等。如果再把這些因素考慮進來，你還會覺得文言文和白話文是同一種文字表達系統嗎？

究其根本，華夏文化裡文字書寫和語言系統分開，故有了書寫的「文言文」和口語的「白話」之分。早期文字書寫系統以文言文為主，白話文是直到宋代說書盛行，說故事的人須以口語的方式做文字記錄，便於講述故事，因此出現了「話本」，而後慢慢演變成白話小說，白話文這一種書寫形式才開始興盛起來。否則在白話文出現之

前，中國的文字和語言是兩種不同的表達系統，這種狀況直至白話文運動時，在民初文人們「我手寫我口」的倡議之下，我們習慣的文字和語言才開始統一。

然而，當我們習慣了我手寫我口的白話文後，對於「文言文」的學習和理解也開始出現斷層，因此文言文這種文字表達系統已經從我們的生活中完全消失，我們再也不需要學習書寫文言文了。接著，就連「閱讀文言文」也開始出現困難，而這困難就從**文言文和白話文本是兩種不同的文字表達系統**這個根本原因中出現，有著不盡相同的詞彙表現方式和語句結構，因此我們難以用白話文的語文形式去直接理解文言文。

我是教書好一陣子以後才領悟到這件事。記得那是在一個私人家教中，孩子是個程度不錯又認真的國中生，然而一樣有閱讀文言文的恐懼。我過去在教導孩子們閱讀文言文時，一定會讓他們自己練習翻譯。記得那時我跟他說：「翻譯文言文就和翻譯英文一樣，你要先理解每個字的字詞意思，然後再把這些字詞進行結構重組，變為我們白話文的語序，這樣才算是翻譯完成。如果有不確定的中間字義，一樣可使用前後文意來猜測該字可能是哪個詞義。」

話說出口的當下，我才明白閱讀文言文竟和閱讀英文如此相似。因為英文是一種我們較為熟悉的外國語言，因從小到大的學習，在單字上認識較多，但無論如何都無法全部認識，再加以文法結構不一樣，因此在閱讀英文文章時，都還是需要根據我們所能讀得懂的部分，以及前後文意去做推敲。閱讀文言文時也是，我們腦子對於文言文無法像白話文一樣進行直覺式的理解，而是須先把它**翻譯成白話文**，而翻譯成白話文的過程竟也極度類似於**翻譯英文**。由此我們可知，如果我們閱讀文言文須透過翻譯才能開始進行文意理解，足證文

言文和白話文就是兩種不同的文字表達系統。

由上述可知，其實要讀懂文言文，最重要也是最關鍵的一步就在於「**翻譯**」。也就是說，當我們要學習文言文，或我們必須處理文言文的題目時，我們的腦袋都須先將**文言文翻譯成白話文**，之後才能進行文意理解以答題。因此，若要孩子能夠應付文言文的題目，我們必須先訓練他們遇到文言文時，腦袋能將其翻譯成白話文，如此一來，孩子才有機會好好處理文言文的考題。

而綜觀目前文言文的題型，也幾乎是孩子們能理解 80% 以上的文意，就能作答了。因此，我不敢說有什麼特別的文言文「解題技巧」，我只敢說讓孩子們閱讀文言文時有一個重要的訓練技巧，那就是：**讓孩子們練習翻譯文言文**。如果真能踏實地對孩子們進行翻譯文言文訓練，即使孩子們沒有大量閱讀文言文文章，光是這樣累積三年，我想也足夠讓大部分孩子上場應付文言文考題了。

■ 翻譯文言文的訓練要訣

翻譯文言文這件事，說來簡單做來難，這也就是為何大多數老師都不這麼做，而我需要花這麼大的篇幅去說服大家帶孩子練習翻譯文言文了。

現在面對文言文教學時，大多數老師都是直接把翻譯給孩子們，不相信孩子們有能力自行翻譯。但回過頭來，所有能力都是能教出來的，倘若我們能透過正確的方式循序漸進地教導，讓孩子們慢慢練習，其實翻譯文言文也不是什麼太困難的事。

目前可找到的文言文翻譯有幾個步驟，我個人習慣使用下列五步驟，下頁以 109 年第 16 題題幹進行說明。

荊州街子❶葛清，自頸以下，遍刺白居易舍人詩。荊客陳至呼觀之，令其自解，背上亦能暗記。反手指其札❷處，至「不是花中偏愛菊」，則有一人持杯臨❸菊叢。又「黃夾纈林❹寒有葉」，則指一樹，樹上掛纈❺，纈上花紋極細。凡刻三十餘首，體無完膚，陳至贊為「白舍人行詩圖」也。

【注釋】❶ 街子：意近於今日的清道夫

❷ 札：此處通「扎」，在此指刺青

❸ 臨：靠近、親近，此處有欣賞之意

❹ 黃夾纈林：林木盡成黃色

❺ 纈：音ㄒㄧㄝˊ，印染花紋的絲織品

步驟一 瀏覽全文，概要理解

其實在文言文翻譯成白話文的過程中，還是要讓孩子們先瀏覽全文，讓他們在腦海中對全文有粗淺的印象和概要理解，否則在稍後的逐句翻譯中，也可能因為不理解前後文意，而選擇了錯誤的詞彙解讀。因此，讓孩子對原文有個概要的印象和理解就是一件重要的事。對文本的初始閱讀可以幫助他們在後面逐字翻譯時，為字詞挑出正確詞義來做解釋，或補充入正確的詞彙。因此，帶領孩子先瀏覽全文，讓他們對原文有個概要的印象和理解，就是文言文翻譯的第一步。

步驟二 切出句子中的詞彙

在開始練習時，除非孩子本身能力不錯，否則我通常不會讓孩子們直接翻譯整篇文章，而是讓他們先練習翻譯一兩句，再用分組討論或全班合作的形式翻譯完整篇文章，所以他們每個人只要按照標點符號拆分，被分配到一兩句進行翻譯即可。

　　首先閱讀「荊州街子葛清，自頸以下，遍刺白居易舍人詩」此句，要翻譯此句前，我們宜將此句按照「詞彙」這樣切分：「荊州／街子／葛清，自／頸／以下，遍刺／白居易舍人／詩」，因此，倘若我們帶領孩子切完這篇文言文每個句子裡的詞，應當能切出這樣的結果。

荊州／街子／葛清，自／頸／以下，遍／刺／白居易舍人／詩。荊客／陳至／呼／觀／之，令／其／自／解，背上／亦能／暗記。反／手／指／其／札處，至／「不是花中偏愛菊」，則／有／一人／持／杯／臨／菊叢。又／「黃夾纈林寒有葉」，則／指／一樹，樹上／掛／纈，纈上／花紋／極細。凡／刻／三十餘首，體／無／完膚，陳至／贊／為／「白舍人行詩圖」／也。

　　以上為切句參考，我切分詞彙的依據是：**名詞、動詞、介詞、連詞、助詞獨立切開**，跟著名詞的形容詞、跟著形容詞或動詞的副詞、在名詞之前的量詞則跟隨在後方的詞彙中不再獨立切分。另外，**獨立的詞彙概念需原句保留**，不需做切分，例如原文中「不是花中偏愛菊」和「黃夾纈林寒有葉」皆指詩句，因此當視為同一組詞彙概念，不用再切割。當然，以上是我個人習慣的切分方式，如果讀者有自己習慣的切分方式，只要切分原則一致，對於如何切分詞彙這件事也沒有固定答案。

　　在切分句子的部分需要孩子對於詞彙的詞義和詞性的掌握能力俱佳，孩子們一開始應該做不到，因此老師可在說明原則後帶孩子們利用團體討論的方式做一次，再對孩子們的詞彙切分進行修正和討論。對於能力較弱的孩子，老師甚至先把句子詞彙切分好給孩子們，讓孩子們直接翻譯練習也行。

實際上，此處的練習如果完全略過，直接進到下一個部分的逐字翻譯也沒有關係，只是如果多增加此部分的練習，將有助於孩子進行接下來的逐字翻譯。

步驟三 逐字翻譯

接著進入重頭戲——逐字翻譯。在逐字翻譯中，又有下列技巧做說明：

1. 留——保留專有名詞

對於專有名詞如人名、地名、國名、朝代名、年號、官職名、器具、度量衡名稱……等均保留不譯，因此遇到這類型的名詞就直接保留原用法即可。

2. 刪——刪除無義虛詞

文言文中常有一些虛詞在文法結構上是必要的存在，但沒有實際意涵，遇到這類型的虛詞時，我們在翻譯中可直接刪除，省略不譯。

3. 換——替換現今用語

將文言文中的字詞替換成合於現今用法的詞彙，例如將「頸」翻譯成「脖子」，將「持」翻譯成「拿著」等。**將文言文字詞用法換成現今詞彙是翻譯裡最重要，也是最困難的部分。**孩子們常會在此處找不到適合的對應詞彙，如果找錯了也可能產生誤讀。但因應著詞彙意義的多元，有時未必只有單一解釋，這便是文言文翻譯最有趣的部分。

例如我請老師們翻譯「令其自解」一句時，一部分老師們會

把「解」翻譯成「解釋」，那整句便譯作「請葛清自行解釋刺青意涵」；但也有部分老師把「解」翻譯為「解衣」，這句話便是「請葛清自行解開衣服」的意思。再根據前後文推敲，會發現這兩句話的意思竟然都通順，也解釋得過去，因此這兩個解釋便皆可保留。這便是文言文翻譯最困難也最有趣的地方了！

倘若要孩子們翻譯文言文更加順暢，那孩子們「換」的功力一定要強，要能在自己腦海中的字義詞彙庫中找出適合的詞彙意涵來進行替換，因此，唯有靠多閱讀／翻譯文言文來累積自己平日的一字多義詞彙庫，孩子們才能在這個部分進行得更順暢。

4. 調——調整特殊語序

對於特殊句式，如主謂倒裝句、賓語提前句、定語後置句、介詞短語後置句等倒裝句型要做語序調整，如果遇到這個部分，通常會在注釋裡頭出現提醒，同學們在翻譯時要特別注意。

5. 補——增補省略成分

文言文比現代白話文省略許多，因此增補省略成分也是在翻譯時的重點。一般而言常見的省略有：省略主語（主詞）、省略謂語（動詞）、省略量詞、省略介詞、省略賓語（受詞）等五項，下列稍作說明：

a. 省略主語（主詞）

文言文中常省去主語不提，造成文意理解上的混亂，因此曾有老師說**文言文的重要閱讀技巧之一就是「補上主語」**，一般而言，如果我們能釐清並補上主語，便能對文意有概要的理解。主語的位置常在動詞和形容詞之前，若看到動詞或形容詞前沒有主語，便須補上。例

如在本文中：「背上亦能暗記」、「反手指其札處」、「凡刻三十餘首，體無完膚」等幾句的主語都是葛清，在文中卻都沒有被寫明，因此在翻譯時須被補上。

b. 省略謂語（動詞）

文言文中有時也會省略謂語不提，如：「三人行必有我師焉，擇其善者而從之，（擇）其不善者而改之。」此句話省略了第二個「擇」，因此我們翻譯時，第二個擇也應當翻譯出來。

c. 省略量詞

文言文中常見省略量詞的用法，通常都是「數字」加「名詞」，如本文中的「一人」、「一樹」皆為量詞省略的寫法，而我們翻譯時要把適合的量詞補上，故這裡應當翻譯成「一個人」、「一棵樹」。

d. 省略介詞

在白話文中若要把話說得順暢，介詞也必須補上，然而在文言文中，介詞也常是被省略的成分。如：「有時朝發（於）白帝，暮到江陵。」這裡便省略了「於」這個介詞，在翻譯時也應當將此介詞翻譯出來。

e. 省略賓語（受詞）

賓語（受詞）也是常被省略的部分，因此該補上哪個賓語才是正確的，也是翻譯時的重點。賓語多出現於及物動詞之後，此動詞前方常是主語，後方則為賓語。例如本文中的「<u>荊客陳至呼（葛清）觀之</u>」和「<u>陳至贊（葛清）為白舍人行詩圖也</u>」兩處，都省略了賓語<u>葛清</u>，這部分在翻譯時就必須補上。

步驟四 將詞彙意涵連接成句

將每一個單字意涵釐清、翻譯後，接著我們就須將這些單字的詞

彙意涵根據現在白話文的句法結構串聯成句,例如:

原句	單字的詞彙意涵	串聯成句
荊州 / 街子 / 葛清	荊州 / 清道夫 / 葛清	有一位荊州的清道夫,名叫葛清
自 / 頸 / 以下	從 / 脖子 / 以下	他從脖子以下
遍 / 刺 / 白居易舍人 / 詩	全部 / 刺青 / 白居易舍人 / 詩	全都刺滿白居易(舍人)的詩

　　這個部分看似不難,但孩子**如果要翻譯得好,平日書寫白話文的語序結構就必須穩定**,否則他也很難寫出流暢的翻譯句子。在此提供一個基礎的語序結構作為參考,建議老師或家長們可以訓練孩子們有意識地以此語序結構為書寫基底。

　　我在研習時常會詢問老師一個問題:如果把「人、事、時、地、物」五項組裝進一個句子中,老師們會怎麼組裝?這時老師們通常會直接思考一個句子,再來組裝這五者的順序。例如:「今天早上,我在餐廳吃荷包蛋。」這句話的順序是「**時**(今天早上)→**人**(我)→**地**(在餐廳)→**事**(吃)→**物**(荷包蛋)」,而「**時→人→地→事→物**」便是最常見的語序結構。還有另外一些老師的習慣結構是「我今天早上在餐廳吃荷包蛋」,這個結構是「**人→時→地→事→物**」,其實這兩種結構都可行,只是我個人習慣第一種,也會以「**時→人→地→事→物**」為主要訓練結構,讓孩子習慣用這種句式表達,再去做其他變化型。

　　即使是國中生,許多孩子的白話文基本句式結構仍舊非常不穩

固，造成寫作時詞不達義的狀況。因此**文言文翻譯訓練也可以訓練孩子的白話文書寫能力**，從最基本的句子開始練習表達的流暢和完整度，爲之後的長文寫作做奠基。

步驟五 將句子串連後重新審查其意涵，確定前後文無矛盾或闕漏處

透過上面步驟將每個文言文句子翻譯成白話文句子後，還須串聯起來對照文意，看是否在翻譯上有前後文矛盾或闕漏之處。以上文爲例：「荆客陳至呼觀之」一句，對於「荆客」一詞可譯作「荆州來的客人」，或者「來荆州做客」兩種；而「之」可當作「葛清」，也可當作「葛清的刺青」。因此此句可以有以下四種翻譯方式：

原句	單字的詞彙意涵	串聯成句
荆客 / 陳至 / 呼 / 觀 / 之	荆州來的客人 / 陳至 / 呼喚（葛清）/ 看 / 葛清（的刺青）	①有一個荆州來的客人，名叫陳至，他呼喚葛清前來，想要觀看葛清
		②有一個荆州來的客人，名叫陳至，他呼喚葛清前來，想要觀看葛清的刺青
	來荆州做客 / 陳至 / 呼喚（葛清）/ 看 / 葛清（的刺青）	③有一位來荆州做客的陳至，呼喚葛清前來，想要觀看葛清
		④有一位來荆州做客的陳至，呼喚葛清前來，想要觀看葛清的刺青

　　然而四種翻譯都可以嗎？

　　我在多場研習中曾詢問老師們這個問題，多數老師都覺得「荊客」一詞只能翻譯成「來荊州做客」，不能譯作「從荊州來的客人」，因為根據前後文推敲，此事發生的地點必在荊州，故應只有後兩種翻譯才可以。我原先也是這麼認為，然而在一場高雄的研習裡，一位來自福山國中的老師提出另一種見解，他說：「倘若此事是陳至在荊州的見聞，而這些文字是他到外地對別人的陳述，那麼這裡翻譯成『荊州來的客人』是否也可行？」我聽完後恍然大悟，現場老師也認同。而後我們再去網路上查詢原典，證實在原典之中，兩種翻譯其實都可以，只是會變成不同的理解脈絡。因此，這裡的翻譯思考重點就變成：當「荊客」譯作「荊州來的客人」時，我們該如何詮釋理解本段話，才能使前後文意脈絡通順？而變成「來荊州做客」時，又該如何詮釋理解？因此，這四種翻譯的確都可以，只是會讓讀者對這整段話的詮釋解釋不盡相同，這裡特別說明之。

　　再其次，「反手指其札處，至『不是花中偏愛菊』，則有一人持杯臨菊叢」，此句的翻譯如下：

原句	單字的詞彙意涵	串聯成句
反 / 手 / 指 / 其 / 札處	（葛清）反過來 / 手 / 指向 / 葛清自己 / （背上）刺青的地方	葛清將手反過來指向自己背上刺青的地方
至 /「不是花中偏愛菊」	到 /「不是花中偏愛菊」	到「不是花中偏愛菊」一句
則 / 有 / 一人 / 持 / 杯 / 臨 / 菊叢	就 / 有 / 一個人 / 拿著 / 杯子 / 親近（欣賞）/ 菊花叢	就有一個人拿著杯子靠近菊花叢（欣賞菊花）

　　這句話看起來已翻譯完成，但在邏輯上卻不完整，為何葛清指到「不是花中偏愛菊」一句時，會有一個人拿著杯子靠近菊花叢呢？可見這裡必定有缺漏的地方要補上。

　　每次請老師們翻譯時，我都會特別針對這個部分詢問老師。有一位負責翻譯的老師跟我說：「我覺得這地方有兩種可能性：一個是附近真的有一個人拿著杯子靠近菊花叢，另一個是葛清詩句旁邊還刺有圖，而圖上畫著一個人持杯臨菊叢。」這時，我再針對這兩種可能性詢問老師們哪個比較有可能？多數老師都覺得是詩句旁邊有相關的圖。我請教老師們為什麼？其中最明顯的相關線索是「陳至贊為『白舍人行詩圖』也」一句。一位老師說：「既然葛清被喚作『白舍人行詩圖』，代表他是白居易行走的詩圖集，那證明他身上的刺青不只有白居易的詩，還附有相關的圖畫。」

　　這便是根據前後文意來做補足闕漏處的例子，因此，這句話最好譯作：「**葛清將手反過來指向自己背上刺青的地方，到『不是花中偏愛菊』一句，旁邊就有一幅圖，圖中有一個人拿著杯子靠近菊花叢（欣賞菊花）。**」這樣的翻譯才算是完整順暢。

　　現在你有沒有發現，這樣的翻譯練習還需配合一些想像力、邏輯推理力，反覆地推敲最好的翻譯方式為何，才有辦法譯出相對正確的句子。反過來說，**練習文言文翻譯不僅可以訓練孩子的文字表達能力，還可以同時訓練他們的想像力和邏輯推理力，使其在文字表達上更加精確而縝密**，這不也是一種最好的寫作和思考訓練嗎？

　　但回過頭來說，翻譯時的想像力也不可無限延伸，詮釋也不可過度，因為翻譯文言文還有三大基本原則，就是：**信、達、雅**。

　　「**信**」是翻譯時的基本原則，其意涵就是「**準確**」，所以**翻譯時不可隨意曲解文意，不遺漏文字，也不隨意增減意思**。像上述的增加

和判斷都是根據前後文意推敲得出的，並非憑空想像。倘若缺漏之處沒有相關文意可推敲判斷，那不如放著不補，將字面翻譯過來即可，因為這樣才符合「信」的原則。

「**達**」則是「**通順**」之義，這便是在步驟四須完成的部分，非常依賴孩子們平日的白話文語感。但反過來說，翻譯文言文也是訓練孩子們運用文字表達通順句子的好方式。

「**雅**」是「**文雅**」之義，這是翻譯的最高級。如果孩子的語文表達能力已經到「達」的程度了，那麼就可以再訓練他們用更加文雅的方式進行翻譯，例如上面「則有一人持杯臨菊叢」一處，翻譯成「就有一個人拿著杯子欣賞菊花」就是比「就有一個人拿著杯子靠近菊花叢」更加文雅的譯法。然而這個部分也須建立在前兩個原則上，在翻譯時切不可偏離作者的原意，將他人的文章變成自己的創作。

補充說明

訓練孩子正確語序的語文小遊戲

「表達不夠完整」是我這些年下來發現孩子在語文表達上最大的問題，不管是在「文字」表達上或「語言」表達上都有類似的狀況，那種講話的含糊不清會構成許多溝通上的阻礙。因此，我在和女兒聊天時發明了一個訓練孩子完整表達的小遊戲。先引用我和女兒的對話來舉例說明：

我：「這題是『買東西』。誰在買東西？」

女兒：「爸爸在買東西。」

我：「爸爸在哪裡買東西？」

女兒：「超市。」

我：「不行，你要把句子完整講出來。爸爸在哪裡買東西？」

女兒：「爸爸在超市買東西。」

我：「爸爸在超市買什麼東西？」

女兒：「爸爸在超市買餅乾。」

我：「爸爸和誰在超市買餅乾？」

女兒：「爸爸和弟弟在超市買餅乾。」

我：「什麼時候，爸爸和弟弟在超市買餅乾？」

女兒：「吃飽飯後，爸爸和弟弟在超市買餅乾。」

我：「吃飽飯後，爸爸和弟弟在哪間超市買餅乾？」

女兒：「吃飽飯後，爸爸和弟弟在 7-11 買餅乾。」

我：「吃飽飯後，爸爸和弟弟在 7-11 買什麼餅乾？」

女兒：「吃飽飯後，爸爸和弟弟在 7-11 買小熊餅乾。」

我：「很好！賓果！過關。」

綜合說明本遊戲方法：

1. 說出一個動作，須有「動詞」＋「受詞」，例如：「買東西」。若為不及物動詞也無妨，例如：「睡覺」。

2. 透過問句請孩子為這個動作加上人、事、時、地、物，並把它們擺放在語句中正確的位置，其中的人事時地物都是孩子自己想的。

3. 孩子有時會用簡答的方式回答，這時候必須要求他把句子說完整才可以過關。透過這樣的訓練，孩子可在反覆的回答裡不斷

強化正確的語句結構，直到養成習慣爲止。

4. 爲協助孩子能順利把句子說清楚，我們在問問題時也需完整地把那個句子加上問題複述一遍，以方便孩子記憶。

5. 要問幾個問題不限，也不一定都要完整加入人、事、時、地、物才算過關，可以看孩子的年紀和能力來決定。孩子年紀越小，能力較弱，須造的句子越短；孩子年紀越大，能力較強，須造的句子越長，也可以把「原因」、「結果」、「後續發展」等因素加入問題，讓孩子繼續延長句子。（如：句子接到「早上的時候，爸爸在學校旁邊的草原上種了一朵玫瑰花」時，可繼續問道：「早上的時候，爸爸在學校旁邊的草原上種了一朵玫瑰花，後來花怎樣了？」）甚至可以請同學自己按照各個結構來出題目，彼此考驗，看誰比較厲害！

本遊戲除訓練孩子用完整句子表達的能力，因爲需要仔細地聆聽、聯想及記憶，才能完成任務，所以會同時訓練孩子專注力及思考力。當然，老師或父母要陪孩子玩這個遊戲，記憶力也不能太差啦！偶爾也來陪孩子一起動動腦，讓孩子在輕鬆的遊戲中學會正確的語序表達結構吧！

■ 文言文翻譯的困難之處

前面介紹完文言文翻譯的步驟，有沒有躍躍欲試，覺得自己可以開始練習翻譯或帶著孩子開始翻譯了呢？那麼，相信你很快就會遇到

困難，無論是你自己進行翻譯的困難，或者是帶著孩子面對文言文翻譯的困難。

為什麼呢？接下來，我們就來講講翻譯文言文的困難點。

想請大家先看看下圖。

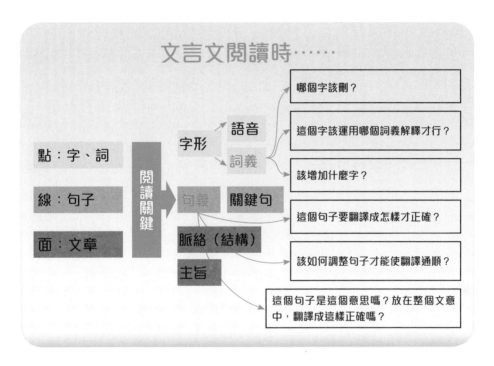

在此圖中，圖的左方是之前提及白話文的閱讀關鍵。在閱讀白話文時，如果想理解該文章，就須對該文的「詞義」有足夠的理解，因此對詞彙庫的多寡會影響到文意理解的部分。接著就是能否理解文章句義、抓出關鍵句，並理解關鍵句義。

而當我們閱讀文言文時，首先會在「詞義」理解上就遇到第一輪卡關。如同上面的翻譯步驟所說，當我們要進行翻譯時，有一個很大的重點在「換字」，將字詞義涵換為現今詞彙，而中文字有一字多義的現象，這在文言文中更明顯。舉例來說，當我們看到「之」這個

字，常見的就有四種可能性：

之	1. 代詞	2. 助詞，無義
	3. 介詞，的	4. 動詞，往、到

　　也就是當我們看到「之」這個字時，腦袋中會先轉出這幾種可能的詞彙意涵，然後我們會挑選出其中一種最合理的意涵放入，接著再對此文進行理解。這就是理解文言文對我們大腦而言很不直覺的地方，因為它多了一層這樣的思考，而這也常是問題所在。

　　比如說：當我看到「之」這個字的時候，它究竟是一個該刪除的虛字呢？還是它是有實際意涵須保留的字？如果此時，我判斷它是一個「代詞」，那它又是代替什麼詞？就如前文，它在「<u>荊客陳至呼觀之</u>」一句中，它代的到底是「葛清」還是「葛清的刺青」？又還有另一種更常見的狀況是，孩子可能根本不知道「之」有「往、到」這個動詞用法，所以他也可能在「<u>滕文公為世子，將之楚，過宋而見孟子</u>」這樣的句子裡完全卡住，不知道該如何翻譯此處的「之」字。總地來說，孩子們單就在這一層次就遇到下列幾個問題：

1. 腦袋中的一字多義庫量不夠大，找不出相對應的詞彙意義去做翻譯。
2. 在有限的一字多義庫中去搜尋，尋找到奇怪或解釋不通的意義硬塞進去，造成對文意理解的誤讀。
3. 在自己的一字多義庫搜尋到適合的字放進去，也解釋得過去，但可能跟原意有落差，也可能是另一種誤讀。

　　在這之中，狀況 3 的問題相對小，而孩子們最常出現的問題是狀況 1 和狀況 2。因此，**擴充自己的一字多義庫**可說是整個文言文訓練裡最重要的一件事，那跟擴充自己的白話文詞彙庫是一模一樣的道理，因為對於「詞義」的理解就是會直接影響到自己的閱讀理解。

　　總地來說，如果腦中的一字多義詞彙庫較大，閱讀文言文後對它有基本的理解會開始變得容易。可是如果真要進行「翻譯」，仍舊不是一件容易的事。

　　如上圖所示，在詞義理解部分，我們會遇到下列問題：**哪些字是該刪除的虛字？而這些字詞義又該替換成哪個適合的現今詞彙？而我們又該在文中增加哪些必須增加的缺漏字？**就算我們能解決這些詞義問題，接著在句義部分又會遇到下列問題：**該怎樣組合這些詞彙，翻譯成一個通順的句子？這樣的翻譯真的正確嗎？又，對照前後文意，是否有哪些句子出現錯誤或闕漏之處，需要我們修正或補充？**

　　這樣的反覆推敲是一個困難的過程，不只對孩子來說不容易，就連大人們在翻譯時也可能需要互相對照、一起討論。可是，正因困難，當我們每完成一次翻譯練習，腦袋就像是完成了一次巨大的工程，我們的一字多義詞彙庫因此增加，文言文閱讀理解能力直接加強，對於前後文的邏輯推演能力也同時被訓練，而且也強化我們的基礎寫作能力。這樣一魚多吃的事，難道不值得我們花點心力去多練習幾次？

　　正因困難，所以更值得我們去練習與突破。只要嘗試親自去翻議幾篇文言文，強力訓練一下腦袋翻譯文言文的能力，同時培養對文言文的語感，相信不用太多時間，你對於文言文的閱讀理解能力必能突飛猛進！

■ 應考前的訓練策略及文言文答題技巧

如果你已經來到緊要關頭，所剩時間不多，是否有更速成的文言文自我訓練方式呢？以下是我提供給即將面臨考試的九年級同學們的建議：

1. 開始大量閱讀、練習文言文題庫。

2. **閱讀時不可依賴後方提供的翻譯，必須直接靠自己的腦子嘗試閱讀理解文言文題目。**如果你習慣直接看翻譯後再作答，那這樣的練習對你沒有太大的幫助，因為你沒有在訓練自己的腦子翻譯文言文，如此一來，當你面對考場上沒有翻譯的文言文題型，一樣會手足無措。

3. 答題後，對完答案，便可翻到翻譯處。**此時，請將所有你不懂的字詞找出來，圈出該字並把不懂的詞彙意涵補充上去。此舉的作用在擴充你腦內的一字多義詞彙庫，**寫過後印象將更加深刻。

在我任教的前幾年，還有兩次的基測機會，所以孩子們在第一次基測如果沒考好，可以選擇參加第二次基測，兩次基測中間約有兩個月的時間可準備。我有一個學生知道自己沒考好，在第一次基測考完後很快開始投入第二次基測的準備。國文是他認為考砸的一科，而對「文言文」的不熟悉就是他的心頭大患。為了克服這個問題，他找了好幾本文言文題本開始大量練習，最後有了長足的進步，也終於取得自己滿意的成績。

實際上，語文科目都是如此，無論要熟習哪種語文，大量閱讀

和大量接觸都不可少。我們在大量閱讀之中，會累積起對於該語文的「語感」，而這個「語感」將可協助我們更精確地理解和表達。說真的，你的國文老師會比你熟悉文言文的原因也無他，就是因為他看得比你多，接觸得比你久，他對文言文的文法有一定的熟習和了解，腦中的一字多義庫詞彙庫也比你大，因此閱讀文言文對他來說才變得容易。如果你也希望閱讀文言文對你來說不成問題，自己下的功夫不可少，多花一點時間和文言文相處，要不熟悉也困難。

那麼，當我們在考場上面對文言文題型時，是否也有其他答題技巧可使用？當然也會有。以下是我提供給各位同學們面對文言文考題在考場上的答題要訣：

1. 多次閱讀後腦中形成白話翻譯

許多同學在考場上會因為看不懂文言文而感到焦慮，但其實我們的腦子在第一次閱讀文言文時，覺得看不懂是一件很正常的事。此時，千萬不要被那種不懂的感覺嚇到。因為文言文並非我們腦袋熟悉的語文，所以它要多看幾次才會比較容易理解。

我曾讓孩子們進行一個練習。我給孩子們看一篇還算長的文言文，也同樣附有注釋，然後等孩子們看完第一次後，詢問他們對文意大約理解多少？最不懂的大概理解 20% 左右，最好的約是 60%。接著我請他們再多看兩次，等到第三次，我又詢問他們理解的程度，原先理解 20% 的人大約已懂 50%，看懂 60% 的人已大致理解 80 ～ 90%。

由此可知，**多次閱讀**對於理解是一件重要的事，即使是閱讀白話文也是這樣。在閱讀理解能力不到拔尖之前，如果真的要充分掌握理解文意，閱讀三次是基本盤，我們的腦袋會在反覆的閱讀中深化對文本的理解。白話文如此，文言文亦然。因此，千萬不要被第一次讀不

懂的感覺嚇到，努力讀到第三遍，你的腦袋就會幫你進行概要的文意理解。

2. 遇到敘事類題型，則圈補主語，便於理解文意以答題

在看過那麼多年的文言文考題後，發現這些文言文考題不外乎可分爲兩大類：「敘事類題型」和「議論類題型」。此處先講「敘事類題型」。

一般而言，敘事類題型的文言文題目旨在敘述或說明一件事，裡頭的角色通常比較複雜，一般會有兩個以上的人或物出現。而這類型的題目通常要我們讀懂該文言文所敘述或說明的事情以答題，故面對這類型的文言文，最好的方式便是釐清並補上相關的主語（主詞）、賓語（受詞）及代詞。如能做到這件事，那要理解整個文意就會變得簡單。

同樣以 109 年的 16 題爲例：

> 　　荊州街子葛清，自頸以下，遍刺白居易舍人詩。荊客陳至呼觀之，令其自解，背上亦能暗記。反手指其札處，至「不是花中偏愛菊」，則有一人持杯臨菊叢。又「黃夾纈林寒有葉」，則指一樹，樹上掛纈，纈上花紋極細。凡刻三十餘首，體無完膚，陳至贊爲「白舍人行詩圖」也。

這題就是「敘述類題型」，因此我們在面對這種題目時，就可以以 **圈補主語** 作爲主要的答題策略。

首先第一個動作是 **圈出主語**。此題幹有兩個人物進行互動，分別是「葛清」和「陳至」，因此我們可先圈出「葛清」和「陳至」這兩個主語，再思考接著要在那些地方補上這兩個人物或者相關事物。

　　一般而言，要補上主語的通常都是某動作或者某形容詞之前，因此，我們**可以看看句中有那些動詞之前或之後似乎缺少某個人、物須補上，或者代詞借代何意？**這是我們要進行的第二個步驟。按此原則，本文須補上人物及思考代詞的地方如下：

> 　　荊州街子葛清，自頸以下，遍刺白居易舍人詩。荊客陳至呼
> （　　　　　）觀之（　　　　　　　），（　　　）令其（　　　）
> 自解，（　　）背上亦能暗記。（　　）反手指其（　　）札處，
> 至「不是花中偏愛菊」，則有一人持杯臨菊叢。又「黃夾纈林寒有
> 葉」，則（　　　）指一樹，樹上掛纈，纈上花紋極細。（　　）凡
> 刻三十餘首，體無完膚，陳至贊（　　　）為「白舍人行詩圖」也。

　　接著，請同學們補上上述應填入的主語（主詞）、賓語（受詞）和三個框起來的代詞各自借代什麼？只要能補上，相信你就能基本掌握文意了。先一起來動手練習看看吧！

參考答案：

> 　　荊州街子葛清，自頸以下，遍刺白居易舍人詩。荊客陳至呼
> （旁人／葛清）觀之（葛清／葛清的刺青），（陳至）令其（葛清）
> 自解，（葛清）背上亦能暗記。（葛清）反手指其（葛清）札處，
> 至「不是花中偏愛菊」，則有一人持杯臨菊叢。又「黃夾纈林寒有
> 葉」，則（葛清）指一樹，樹上掛纈，纈上花紋極細。（葛清）凡
> 刻三十餘首，體無完膚，陳至贊（葛清）為「白舍人行詩圖」也。

3. 遇到議論類題型，則畫下關鍵詞、句，掌握核心內涵以答題

　　文言文中還有另一種常見的類型：「議論類題型」，這種議論類題目通常在說明作者或某一人物對某一事情的觀點，因此閱讀此類型

的題目以釐清該觀點為主要目標。而釐清觀點最好的方式就是**尋找關鍵詞、關鍵句並進行理解，即可掌握該觀點的核心內涵**。這樣的答題技巧類似於前面的白話文閱讀技巧，因此這類型的題目甚至可能較前面敘述類型的題目更為容易，只要能掌握關鍵詞、句即可答題，未必要全篇都看得懂。

例如 109 年的第 18 題：

> 　　用兵久則驕惰自生，驕惰則未有不敗者。勤字所以醫惰，慎字所以醫驕，二字之先，須有一誠字以為本。立意要將此事知得透，辨得穿。精誠所至，金石為開，鬼神亦避，此在己之誠也。

此題便是典型的議論類題型，因此看到這種題目我們要先尋找關鍵詞、關鍵句。本題的關鍵詞也不難看出是「誠」字，因為這個字在文中出現三次，很明顯是本段文字的「文眼」。接著以關鍵句來說，可以畫下「勤字所以醫惰，慎字所以醫驕，二字之先，須有一誠字以為本」和「精誠所至，金石為開」兩句，待把這些關鍵字、句都找出後，我們再來看看選項：

> 根據這段文字，下列敘述何者正確？
> (A) 祭祀鬼神，心誠則靈
> (B) 勤慎用兵，以誠為本
> (C) 慎可以醫惰，勤可以醫驕
> (D) 修身首重勤，次為慎，終為誠

答案是不是就非常明顯了呢？

不過，這些技巧說來簡單，但都必須建立在平日的基礎之上。你的文言文翻譯能力是否具足？你的閱讀理解能力如何，是否能迅速

掌握關鍵詞、關鍵句？如果這些基礎不錯，相信文言文的題型對你來說也不會太困難；如果基礎不足，那麼這些技巧也都將難以運用。所以，無論如何，還是要回到前面所敘，多累積自己的一字多義資料庫，練習自己的文言文翻譯能力，訓練自己的基礎閱讀理解力，才是讓自己在考場上可以如魚得水的真正關鍵喔！

■ 翻譯文言文的另一個好處──思考訓練

上述的好處，都是顯而易見的，然而卻不是我認為必要學習文言文的真正原因。

其實現在孩子學習文言文的主要動機還是在應付考試，倘若拿掉考試因素，那文言文看起來還是學而無用，也許會有很多人因此抗拒學習文言文。然而，我是一個以教授閱讀、思考、寫作為主的老師，我所教的一切都不純粹以考試為目的，考試對我而言，不過是一種評量，明白孩子的能力在何處，還有哪裡需要加強。我更加重視的是，該培養孩子怎樣的能力去面對人生、面對社會、面對世界。那麼，這樣的我，會贊成孩子們花那麼多的時間去閱讀可能此生不再使用的文言文嗎？

在 2017 年的文白之爭中，我對這件事有了更精細的思考，我的結論是：**會，我覺得讓孩子學習文言文是很重要而且很有益處之事。**然而我立論的角度不是從最常見的文化角度出發，而是從「**思考**」的角度出發。也就是，**我認為學習文言文對孩子的「思考」很有幫助，而翻譯文言文本身就是一項很好的思考訓練。**此話怎講？請聽我娓娓道來。

幾年前，我看過一部電影叫《異星入境》，裡頭的兩個主要概念

都讓我印象深刻。其中一個概念是：**人所使用的語言文字會影響人的思考**，所以多學習一種語言，就是多學習一種思考方式。身為一個語文教育工作者，這個觀點我是絕對認同的。為了再多找一些實證，我找到了楊大輝的〈你的語言如何影響了你的「思考」？〉[8]一文，這篇文章是他閱讀研究語言和思考之間關係的專書及文章所做的統整和介紹，裡頭引述了一些例子來印證我們的語言系統是如何影響我們的思考。其中一個例子如下：

> 在澳洲北部約克角的西海岸，有個叫朋布羅（Pormpuraaw）的小型原住民部落，一位學者請這個部落的一個小女孩指出北方，那個女孩毫不猶豫地指出精準方位。而後此人到各地演講，也請許多專業領域表現優異的大人們做同樣的事，但許多大人卻無法精確指出方位。為何這個小女孩做得到這麼多其他文化的優秀大人做得到的事？這位學者發現答案或許就藏在「語言」裡。
>
> 小女孩所身處的朋布羅人使用庫克薩優里語（Kuuk Thaayorre），和英語不同之處在於沒有「左」和「右」這類相對的空間詞彙，他們用的是絕對的基本方向（東、西、南、北等）。雖然英語中也有絕對的基本方向詞彙，但只用在描述大空間尺度，然而在庫克薩優里語中，絕對的基本方向用在各種尺度，他們會說「杯子在盤子的東南邊」、「站在瑪莉南邊的男孩是我哥哥」。因此在朋布羅，每個人必須隨時知道自己的方位，如此才能正確地表達，這就是為何這個五歲小女孩能精確指出方位的原因。

---

❽ 引用自楊大輝〈你的語言如何影響了你的「思考」？〉，資料來源：https://4think.net/%E4%BD%A0%E7%9A%84%E8%AA%9E%E8%A8%80%E5%A6%82%E4%BD%95%E5%BD%B1%E9%9F%BF%E4%BA%86%E4%BD%A0%E7%9A%84%E3%80%8C%E6%80%9D%E8%80%83%E3%80%8D%EF%BC%9F/。

這是「語言」影響思考的一個實例，楊大輝在此文中還有援引更多例證，有興趣不妨自行搜尋閱讀。接著回頭我們來思考一下「文字」，想想看不同的文字系統或表現方式能否影響一個人的思考或能力？對於這個問題，我覺得答案也是肯定的，在此我會引用麥爾坎·葛拉威爾在《異數》[9]一書中講到華人為何數學能力會比較優異這件事來佐證。

首先是華語的語音系統便於記憶數字。裡頭講到一個簡單的小實驗，有人寫了七個數字在紙上，請華語系統的人和英語系統的人花一點時間念出來，接著拿開紙後，請他們念出方才念過的那七個數字。而該實驗結果，華語系統的人比英語系統的人複述的正確度高許多。原因很簡單，因為在華語系統中，要念完七個數字其實少於兩秒，可快速進入我們的短期記憶庫，所以要我們正確複述是容易的；而用英語念出七個數字，則須多於兩秒的時間，所以要正確複述是相對困難的。我們的語音系統在呈現數字時那些簡短的音節，使記憶數字變得容易，竟然成為華語文化底下數學能力強的原因之一。

第二個原因是數學文字呈現得比英語系統有邏輯。讓我們來比對一下下頁兩個文字系統的數字：

---

[9] 參考麥爾坎·葛拉威爾《異數》，時報出版。

中文	英語	中文	英語
一	one	十一	eleven
二	two	十二	twelve
三	three	十三	thirteen
四	four	十四	fourteen
五	five	十五	fifteen
六	six	十六	sixteen
七	seven	十七	seventeen
八	eight	十八	eighteen
九	nine	十九	nineteen
十	ten	二十	twenty

　　中文系統的文字從一到九十九就在一、二、三、四、五、六、七、八、九、十之間做規律的變化，可是英語系統的數字就不是：one 和 eleven 沒關係、two 和 twelve 關係也不明顯、three 和 thirteen 也是關係不明顯。後面幾組數字的關係明顯一些，但又有像 fifteen 這種特例。再從十、二十、三十這種十位數去觀看，中文系統依舊十分規律，可是英文就會出現 ten、twenty、thirty、forty、fifty 這一大堆特例。因此，從學習數學來說，在華文的語文系統底下就比在英文系統底下容易得多，因為它音節短又規律，便於記憶與學習，因此要在華文系統底下學習數學是相對容易的事。這也形成華人的數學能力普遍比歐美人士強的現象。這是另一個語言、文字系統影響思考甚至能力的案例。

　　如果我們明白了不同的語言、文字系統會對孩子的思考模式產生不同的影響，而又如前方已論證過的：文言文和白話文是兩種不同的文字表達系統，那麼，在我們學習文言文的過程中，究竟會對孩子進行那些思考訓練呢？

　　我們來想想文言文與白話文這兩套不同文字表達系統的相異之處。簡而言之，**文言文較為精簡而凝練，白話文較為繁複而精確。**如果我們想把某些東西論述清楚或描摹仔細，我覺得白話文的表現的確比較好。可是**文言文十分擅於勾勒出一種意在言外的意境，**簡單幾個文字即可讓人充滿想像空間。

　　在文言文這個文字系統裡，它不說滿，也不說死，充滿一種留白的餘韻，讓人可依自己的詮釋去詮釋，感受去感受。比如說我們常見的「人不知而不慍」，究竟這個「人不知」可以怎麼翻譯，難道只有一種解釋方式嗎？絕對不是。於是，它會有很多種可能性。我過去曾讓一個班級裡的 15 位大人來翻譯這句話，再把他們的翻譯都羅列下來，結果 15 位大人對此句話有 12 種不同解釋法，非常有趣。但我如果將這句話翻譯成白話文：「他人不知道我的才華，我卻不生氣。」請問這句話的第二種解釋何在？因此，**文言文這套簡要的文字系統，給人的想像力和感受力留有極大的空間，正是它非常有價值的地方。**

　　我在閱讀許多經典文言文時，常感受到文字表達得不多不少，恰到好處，因而讓我對那些文字延伸出無比想像，從而感覺美好的感動。而這些，也正是許多老師努力想帶給孩子們，或可稱之為「人文素養」之處。而閱讀文言文，也讓人養成一種深入思考的習慣。如果要讀懂文言文，你必須不斷思考那些文字該怎樣詮釋才合理？放入哪個詞彙會比較好？放入 A 詞義可以怎麼解釋？放入 B 詞義又會形成怎樣的理解？**然後我們的思考就不容易僵固於一種選項、一種可能性。**

在楊大輝〈你的語言如何影響了你的「思考」？〉一文中，他在文末提出如何利用語言訓練思考的方式——他稱之為「詞彙解碼」。**「詞彙解碼」**指的是，**針對某個特定的詞彙，進行多角度的意義分析、思考和深入研究，搜集更多與該詞彙相關的知識，以增加單個詞彙所隱含的訊息量。**他並舉例說明，一個人因為對「親和力」這一詞的深入思考，因此轉變了自己的工作態度，從而獲得了很好的工作表現。

而我認為，學習「文言文」所進行的思考訓練，就類似於「詞彙解碼」這樣的思考訓練。因為在文言文中，一個字常會有多層詞義，轉換不同詞義就會產生不同解讀。如果我們對那些字的詞彙量夠多，或者理解度夠深，我們就能挖掘出更深刻的思考和意涵。這種思考訓練在白話文中有點需要刻意為之（因為白話文就是要把話講清楚），但在文言文的訓練裡卻是自然而然。**在翻譯文言文的過程中，不僅可以累積我們詞彙的廣度，更訓練我們對一個詞彙理解的深度，讓我們更加習慣對任何詞彙定義及許多事情進行多面向而深度的思考。**

讀到這裡，你有沒有很驚訝，竟然只是「翻譯文言文」這件事就可以對我們及孩子進行這麼多層次的訓練？的確如此。但是它的困難也讓許多人望之卻步。因此，我還是要回過頭來敬告各位，如果你平日閱讀文言文都從已翻譯好的白話文去進行理解，那上述的幫助都將不存在，也無法對你的文言文學習有太大的幫助。所以，請好好把經典文言文當教材，從翻譯文言文開始訓練思考，增加腦中的一字多義詞彙庫，同時累積基本語文能力，如此一來，文言文的學習才會更有意義。

在本書中，我會選出許多會考中的文言文題目，讓大家練習翻譯及文意詮釋，如果你能夠每一題都不畏艱難地練習翻譯過，相信你的文言文閱讀功力一定會大增，請開始加油吧！

文言文深度閱讀

1.

> 　　君子❶不以口譽❷人，則民盡忠勸善。故君子問人之寒則衣之，問人之飢則食之，稱人之美則爵❸之。
>
> 【注釋】❶ 君子：在上位者
> 　　　　❷ 譽：稱讚、恭維
> 　　　　❸ 爵：予以官位

我的答案

（1）請翻譯下列句子：

原句	翻譯
君子不以口譽人，則民盡忠勸善。	
故君子問人之寒則衣之，問人之飢則食之， 稱人之美則爵之。	

（2）說出這句話的人認為，為政者對待人民的原則是什麼？

答：

參考答案

（1）

原句	翻譯
君子不以口譽人，則民盡忠勸善。	在上位者不以華而不實的言語恭維人，百姓就能竭盡忠誠，勸人為善（盡力為善）。
故君子問人之寒則衣之，問人之飢則食之，稱人之美則爵之。	因此，上位者詢問到人民寒冷時，就會給人民衣服穿；詢問到人民飢餓時，就會給人民食物吃；獎賞他人的美德或善行，就賜給對方爵位。

（2）根據人民的需求與狀態，以具體實惠的行動來對待人民。

解題思維

　　問題（2）根據「君子問人之寒則衣之，問人之飢則食之，稱人之美則爵之」此句可知道，說出這句話的人認為為政者對待人民的原則是以具體的行動來善待人民，故知道人民寒冷便給人民衣服；知道人民飢餓就給人民食物；獎賞或讚賞他人的善行、美德，就給予此人官爵。

2.

> 　　子胥出逃，邊候❶得之。子胥曰：「上❷索❸我者，以我有美珠也。今我已亡之矣，我將謂子取而吞之。」候因釋之。
>
> 【注釋】❶邊候：邊吏。
> 　　　　❷上：君王、君上。
> 　　　　❸索：搜捕、追緝。

我的答案

（1）請翻譯下列句子：

原句	翻譯
上索我者，以我有美珠也。今我已亡之矣，我將謂子取而吞之。	

（2）根據這段文字，請問邊侯最後放了子胥的原因是什麼？

答：

參考答案

（1）

原句	翻譯
上索我者，以我有美珠也。今我已亡之矣，我將謂子取而吞之。	君王之所以搜捕我，是因為我有一顆美麗的寶珠。現在我已經將它丟失，我會說是你把他搶走的。

（2）邊侯受到子胥的言語威脅，害怕自己因此遭罪，於是只好放了他。

解題思維

　　問題（2）根據「上索我者，以我有美珠也。今我已亡之矣，我將謂子取而吞之」此句話，可知伍子胥告訴邊侯他有一顆美珠，這是他被追捕的原因之一，如果邊侯不放他走的話，他要告訴上位者邊侯搶走這顆美珠。邊侯因為害怕自己因此被抓，只好放走伍子胥。

四、韻文閱讀題型

韻文的美，怎麼看？──韻文閱讀題型的基礎能力訓練

　　說起韻文，囊括的層面很廣。一般而言，只要是押韻的文體，我們即可統稱為「韻文」。在國文科裡，無論是在教材中或考試中最常出現的有古詩、樂府詩、絕句、律詩、宋詞、元曲、新詩，大概都在此範圍內。暫且不論這些韻文的基本國學常識，此章節特地分析當我們遇到這些韻文時，該如何讀懂它的內涵義。

　　這裡我會先分為兩大類：**現代新詩**和**古韻文**，國外的翻譯詩作品歸入新詩類。現代新詩是比較好解讀的一類韻文，所使用的技巧就是前述的白話文解題技巧──**尋找關鍵詞、關鍵句，再依據關鍵詞句來判斷該首詩的意涵**。以 107 年國文會考第 20 題為例：

> 哎，一個搦管弄翰❶的女子
> 被認為無比狂愚
> 沒有美德能補救這一過失
> 人們認為我們忘了身為女子及
> 行其所宜
> 禮儀，時尚，跳舞，衣裝，遊
> 樂，
> 乃我們應學習之事；
>
> 寫作，閱讀，思維，探索，
> 會使我們的美顏憔悴，時間枉費
> 且使我們的黛綠年華幾成虛度
> 而乏味瑣屑家務的治理
> 有人卻認為是我們最高的藝術最
> 大的用處。
> 　　　　　　　──維吉尼亞‧吳爾芙
>
> 【注釋】❶搦管弄翰：執筆為文。搦，音ㄋㄨㄛˋ
>
> 本詩作者表現出的心態最可能是下列何者？
> (A) 對女性文人不被認同的處境抱屈
> (B) 對女性應廣泛學習各類才藝有所堅持
> (C) 對自己把青春年華消耗在寫作上感到不值
> (D) 對自己能以藝術的手法處理家事感到自豪

　　由本文題幹「哎，一個搦管弄翰的女子／被認為無比狂愚」、「而乏味瑣屑家務的治理／有人卻認為是我們最高的藝術最大的用處」等句可知當時對女人的期待是治理家務，然而作者對於家務的治理感受是「乏味瑣屑」，但從事她喜愛的「搦管弄翰、寫作、閱讀、思維、探索」等事卻不被社會認同、接受，可知她的心態就是「對女性文人不被認同的處境抱屈」。因此像這種新詩題型，只要按照白話文的段落、題組解題策略，就可順利對新詩意涵進行解讀以答題。

　　新詩不難解，但古韻文類就不容易。不過，如果你能做多一些文言文翻譯練習，我想古韻文類的解讀對你而言會容易得多。古韻文類也需要我們的腦袋幫我們翻譯內容，不過古韻文類常有可拆解的結構性，更能有效幫助我們理解意涵。

　　下面針對古韻文常見的兩大結構來做說明：

1. 唐（宋）詩、宋詞、元曲

　　唐詩雖然較古詩、樂府詩晚出現，卻是孩子們最熟悉的一種古韻文，也是韻文體發展至雅緻成熟的一個階段。這種雅緻成熟讓唐詩以降的韻文內容大多以下列四大方向書寫：**寫景、敘事、抒懷、說理**。雖然很多句子無法一刀切，尤其在「詩」這種文學體裁多以抒情為主，許多寫景也是為了抒情，但是還是有一個表面意涵可供切割。舉大家最熟悉的〈楓橋夜泊〉為例：

詩句	書寫方向
月落烏啼霜滿天	寫景
江楓漁火對愁眠	抒懷
姑蘇城外寒山寺	敘事
夜半鐘聲到客船	敘事

　　第一句寫景雖也有表達愁苦落寞的心情，但就詩的表面意涵是以寫景為主，故歸類為寫景句。第二句雖也有寫到「江風漁火」之景，但因直接寫到自己的「愁緒」，故歸為抒懷句。第三四句雖然也暗含夜不能眠的愁緒，但本質上這兩句就是在敘述姑蘇城外寒山寺的鐘聲，半夜時傳至客舟一事，因此歸為敘事句。

　　這樣的分類其實沒什麼絕對，但**讓孩子在認識一首詩時對它做比較細密的分析，用一個結構下去理解詩，往往有助於孩子對詩的思考及理解**。在此，我們也不是在這種分類上去計較對錯，就把它當成是詩詞曲中常見的句式結構。**當孩子們用這個結構去閱讀詩詞時，他腦中可形成對一首詩的基本概念**，接著可再往下延伸所描寫之景是否是純粹寫景，還是帶有景中之情、景中之理？所敘述之事只是純粹的事件，還是事件背後另有要表達的意涵？如此一來，先初步判斷後，再繼續往下延伸分析，孩子們就能靠自己更加全面地掌握詩詞曲之內涵意。

建議分類方式

寫景	敘事
• 純寫景	• 純敘事
• 以景訴情	• 事中帶情
• 以景說理	• 事中帶理

抒懷

說理

　　過往我在學校教書時，也會用這樣的分析法訓練孩子閱讀韻文，這樣的分析方式可以協助他們自行閱讀、思考韻文，因此也非常鼓勵老師們在講解這些詩詞曲的韻文類課文時，不妨就讓孩子們嘗試練習這樣分析看看。如果你是一個學生，在學校沒受過這樣的訓練，不妨也自己拿出一些過去學習過的唐宋詩、宋詞、元曲類題目來做分析，相信你一定能更快掌握該韻文意涵喔！

2. 古詩、樂府詩

　　古詩、樂府詩因生成時代較早，在詩句表現上較為樸拙，句子也較多，因此上述的分析方式放在古詩、樂府詩上就不適用，此時我就會依照內容採「**結構式分析法**」。以課文中常見的〈木蘭詩〉為主，其詩按照內文可拆為下列七大段落：

結構	詩句
1. 木蘭代父從軍之因	唧唧復唧唧，木蘭當戶織。不聞機杼聲，惟聞女嘆息。問女何所思，問女何所憶。女亦無所思，女亦無所憶。昨夜見軍帖，可汗大點兵，軍書十二卷，卷卷有爺名。阿爺無大兒，木蘭無長兄，願為市鞍馬，從此替爺征。
2. 木蘭準備從軍	東市買駿馬，西市買鞍韉，南市買轡頭，北市買長鞭。
3. 木蘭從軍後的思鄉之情	旦辭爺孃去，暮宿黃河邊，不聞爺孃喚女聲，但聞黃河流水鳴濺濺。旦辭黃河去，暮至黑山頭，不聞爺孃喚女聲，但聞燕山胡騎鳴啾啾。
4. 木蘭辛苦的從軍生涯	萬里赴戎機，關山度若飛。朔氣傳金柝，寒光照鐵衣。將軍百戰死，壯士十年歸。
5. 木蘭戰功彪炳受賞	歸來見天子，天子坐明堂。策勳十二轉，賞賜百千強。可汗問所欲，木蘭不用尚書郎，願借明駝千里足，送兒還故鄉。

6. 木蘭歸鄉 換回女裝	爺孃聞女來，出郭相扶將；阿姊聞妹來，當戶理紅妝；小弟聞姊來，磨刀霍霍向豬羊。開我東閣門，坐我西閣宝，脫我戰時袍，著我舊時裳。當窗理雲鬢，對鏡貼花黃。出門看火伴，火伴皆驚忙：同行十二年，不知木蘭是女郎。
7. 木蘭得意之詞	雄兔腳撲朔，雌兔眼迷離；雙兔傍地走，安能辨我是雄雌？

　　我會將此七大段落：「木蘭代父從軍之因」、「木蘭準備從軍」、「木蘭從軍後的思鄉之情」、「木蘭辛苦的從軍生涯」、「木蘭戰功彪炳受賞」、「木蘭歸鄉換回女裝」、「木蘭得意之詞」告訴孩子，可按順序也可讓孩子自行排列，請孩子按此結構切分木蘭詩的意義段，並請孩子們說明切分之因。

　　這樣的教學方式是在訓練孩子們閱讀古詩、樂府詩時能知道這些詩詞也是可以大段落地將其切分為好幾個意義段，方便進行文意理解。因此在下面的練習題中，我也會將其內容先做基本切分，再請孩子幫我填入相關詩句，進而去統整理解整首詩的意涵。

　　在本書中有多題會考韻文題，我將它們出成問答題後，可以讓你練習以關鍵字詞、關鍵句理解詩意，以寫景、敘事、抒懷、說理四結構分析法練習，和以內文切段落的結構分析，如果你能夠熟悉用上述三種方式來思考韻文內涵，相信解讀韻文涵義對你來說也將變得容易！

韻文深度閱讀

> 　　客睡何曾著，秋天不肯明。入簾殘月影，高枕遠江聲。計拙無衣食，途窮仗友生❶。老妻書數紙，應悉❷未歸情。
>
> 【注釋】❶友生：朋友
> 　　　　❷悉：知道

我的答案

（1）一般詩句常可分為 (A) 寫景、(B) 敘事、(C) 抒懷、(D) 說理等
　　四類用途。試分析此詩各詩句分別承載了哪種用途，並簡單解
　　釋／翻譯各詩句意涵。

原句	用途	翻譯
客睡何曾著，秋天不肯明。		
入簾殘月影，高枕遠江聲。		
計拙無衣食，途窮仗友生。		
老妻書數紙，應悉未歸情。		

（2）承上，請問作者創作此詩，反映何種生活狀況和心情？

此詩反映的生活狀況	此詩反映的作者心情

參考答案

（1）

詩句	用途	詩句意涵
客睡何曾著，秋天不肯明。	(B)	客居他鄉難以入睡，竟感到秋夜十分漫長，像是不肯天亮一般。
入簾殘月影，高枕遠江聲。	(A)	即將落下的殘月光影照入簾中，遠處傳來江河浪濤聲。
計拙無衣食，途窮仗友生。	(B)	因為找不到維生的辦法，所以過著缺衣少食的日子，窮途末路之下只能依賴朋友救濟。
老妻書數紙，應悉未歸情。	(B)	老妻寫來無數信催我回家，她應該要知道我為何尚未歸家的苦衷啊。

（2）

此詩反映的生活狀況	此詩反映的作者心情
經濟拮据、生活困頓	孤寂、困苦，以及欲歸不得的複雜愁緒

解題思維

　　問題（2）根據「計拙無衣食，途窮仗友生」此句話可推測出作者現在的生活陷入經濟拮据，十分困頓的狀況。而根據「客睡何曾著，秋天不肯明」此句可知作者人居異鄉，因愁緒而不得入眠，故眼見「入簾殘月影，高枕遠江聲」，都透露他深夜睡不著的寂寞愁緒。而後兩句寫出實際的生活狀況和煩惱原因，在敘述之時也都透露出自己生活無計、欲歸不得的挫折、煩惱、愁苦等複雜情緒。

貳

實作練習篇

綜合練習一

1.

> 藏書室是一處有著許多迷睡靈魂的神奇陳列室，當我們呼叫他們，這些靈魂就甦醒過來。

請你推測，作者為何認為藏書室是一處有著許多迷睡靈魂的神奇陳列室？

答：

2.

> 山田汽車成立於西元 1916 年。高橋汽車在山田汽車成立 100 週年時發表一段賀詞：「感謝 100 年來的競爭，沒有你的那 30 年有點孤獨。」

根據這段文字，請問高橋汽車最可能成立於哪一年？可寫下你的推論過程。

答：

3.

> 　　莎士比亞曾以三流喜劇演員為業，當時觀眾可把石子丟在他身
> 上取樂。他曾寫道：「唉！這竟是真的，我曾經走遍各地，讓自己
> 在世人面前穿上彩衣，割裂自己的思想，廉價出賣最貴重的東西。」

請你根據本段話推測，文中「最貴重的東西」最可能是什麼？請寫下
你做此推測的原因。

最貴重的東西可能是	做此推測的原因

4.

> 　　證照是除了學經歷以外，最能量化專業能力的職場有形資產。
> 無形資產如：良好態度、人際關係等，雖更能左右一個人的工作表
> 現，但卻也較難當作客觀的評估工具，尤其是面對新鮮人求職時。
> 據調查，六成四的企業會給擁有職務相關證照者優先面試的機會。

根據本段話，請分析職場的有形資產與無形資產各自為何？請各列出
兩項。又，有多高比例的企業會給有職務相關證照者優先面試的機
會？其原因為何？

職場有形資產	職場無形資產
1.	1.
2.	2.
優先給有證照者面試機會之公司比例	優先給有證照者面試機會之原因

5.

> 　　巴提族人群居在巴基斯坦北部最險惡的高山河谷，六百年前來自西藏。原先信奉的佛教在途中漸被拭去，取而代之的是嚴峻的伊斯蘭教什葉派，但仍保有原有的語言。他們體型瘦小、耐力驚人，具有生存在鮮有人造訪的高海拔地區的卓越能力，這些都不免讓人聯想起巴提族在東邊的遠親——尼泊爾的雪巴族。不過巴提人的其他特質，例如對外人的沉默懷疑以及毫不妥協的宗教信仰，則迥異於信奉佛教的雪巴人。

請由本段話分析「巴提族人」和「雪巴人」之相似之處。

答：

6.

> 　　臺灣原住民的布只有形制屬傳統或較現代的分別，像圓領的剪裁、鈕扣和棉布的使用等，都是受漢人的影響而來。泰雅族的貝珠鈴衣，是貝珠串底下加銅鈴裝飾，銅鈴也是和漢人交易而來。日治時代的原住民服裝，還出現以漢人棉布做底、日本布做袖口、原住民圖案做主要裝飾的混搭法。

請問這段文字在說明什麼？

答：

....

....

....

....

7.

> 　　有些科學家提出「獵人與農夫」的理論，認為 ADHD 者（注意力缺失的過動兒）其實沒有毛病，只是生錯了時空。現在所謂注意力缺失者的特徵——容易分心、衝動、冒險性強，其實是遠古打獵採集時生存必要的特徵。當人類進化到農業社會以後，這些特徵才變得格格不入。也就是說，他們是「獵人」，但是要在「農夫」的社會裡討生活，往往會被視為異類。
>
> 　　這個理論認為，一萬二千年前，人類走向農業生活開始定居下來後，環境的改變使得過去的長處變成現在的短處。在遠古時代，如果不眼觀四面，耳聽八方，早就被其他動物吃掉了，不可能成為我們的祖先；如果事情發生不馬上採取行動，而是三思而後行的話，也只能變成別人的晚餐，活不到成為我們的祖先。

而現在學者又把 ADHD 者叫做有愛迪生基因者，他們的特徵是：思想跳躍、容易分心、精力旺盛、沒有條理、不耐煩、易衝動、很外向、敢冒險、會發明、有創造力，而且通常還有領袖魅力。

他們注意力很短暫，但對感興趣的事物可以專注很久，這不是和獵人要一直不停搜索四周，一旦發現獵物就馬上集中注意力然後追蹤下去相同嗎？他們組織力不強，沒有條理，很衝動，想到什麼做什麼──獵人不就是看到獵物得馬上拔腿就追嗎？他們沒有時間觀念，不知道做一件事需要花多少時間──這其實是表示有彈性，一個人的心意如果隨時可變，那就不需要知道時間。他們容易不耐煩，不能聽從老師的指示──這其實是獵人獨立行事的特性。

上述的理論與觀點尚待可靠證據支持，但如果我們願意換一個角度來看 ADHD 者，他們可能並沒有毛病，只是現在教育制度的限制，未必符合他們的天性罷了。

── 改寫自洪蘭《理應外合・獵人與農夫》

（1）根據本文，ADHD 具備哪些特質？

答：

....

....

....

....

....

....

（2）承上，科學家認爲 ADHD 所具備的特質與「獵人」特質有何息息相關處？請列舉三點。

ADHD 特質	相符合的獵人特質
1.	
2.	
3.	

（3）透過本文，作者想表達什麼？

答：

8.

　　從建安❶時期開始，文人多數是在朝做侍從供奉，或在外作一薄宦，或靠府主為生。這個情形，到了唐代更甚。唐代的社會是貴族的社會，唐代的政治掌握在門閥手中。中唐以來，地方割據的勢力瓜分朝廷的政權，各節度使又每成一個小朝廷，能養清客。這時候的書生多出身於清門，他們卻多在華貴的社會中作客，譬如：李白只是朝中權貴的客，杜甫只是地方節度使的客。中、晚唐詩人的作客生活尤其表顯這情形，直至五代不曾改。經五代之亂，世族社會式微，到了北宋以後，文人每以射策❷登朝，致身將相，所以文風從此一變，直陳其事，求以理勝者多。詩風從此一變，以作散文的手段作詩，而直說自己的話。以前讀書人和統治者並非一事，現在差不多是一類了；以前的詩人寄居在別人的社會中，現在可以過自己的生活了；以前詩人說話要投別人的興趣，現在可以直說自己的話了。總而言之，以前的詩多是文飾其外，現在的詩可以發揮其中了。以前是客，現在是主了。社會組織之變遷影響及於文人的生活，文人的生活影響及於文章之風氣。

—— 改寫自傅斯年〈文人的職業〉

【注釋】❶ 建安：東漢獻帝的年號。
　　　　❷ 射策：宋代科舉時，考生針對皇帝的策問，提出應對之方略。

（1）請找出文人在下列朝代中能做的事，以顯現文人的地位之變化。

朝代	文人能做的事
建安以後（魏晉南北朝）	
唐代	
宋代	

（2）請說出在北宋之後，文風與詩風有何轉變？又，為何會有此轉變發生？

北宋文風的轉變	
北宋詩風的轉變	
轉變之因	

9.

> 　　封禪泰山是評價一個皇帝在任期間功績的標準，作為曠世盛典，儀式極為隆重。泰山天柱峰的西北側，有一塊高大的石碑，上面刻著「古登封臺」四個大字，就是歷代帝王到泰山告祭的封祀臺。帝王登泰山頂築壇祭天叫「封」，然後到泰山下面的梁甫或其他山上辟基祭地叫「禪」。封禪極其勞民傷財，一般是內風調雨順、外無強敵窺伺的年代，帝王才敢上泰山。但是看看泰山歷史，盛世皇帝如唐太宗就沒上山，大概是好大喜功的帝王，如秦始皇、漢武帝、唐玄宗等才會封禪表揚自己，亡國的秦二世也封禪，他的封禪刻石是丞相李斯篆書鐫刻而成。
>
> 　　　　　　　　　　　　　　── 改寫自吳真《唐詩地圖》

（1）「封禪泰山」的主要意義為何？

答：

（2）「封禪泰山」的封祀臺在何處？一般而言，何時才會做「封禪泰山」的動作？原因爲何？

封祀臺之地點	
適合「封禪泰山」之時	
適合「封禪泰山」之因	

（3）在「封禪泰山」此事中，「封」與「禪」的各自意義爲何？

封	
禪	

（4）本文作者推測，怎樣的帝王會做出「封禪泰山」一事？又，歷代有哪些帝王做過此事？

會「封禪泰山」的帝王之特質	歷代做過此事的帝王

（5）有做過「封禪泰山」的秦二世，其刻石是丞相李斯用哪種書體鐫刻而成？

答：

10.

> 　　喝茶加檸檬是美式作法，英國人則不然。早期開始流行茶葉時，英國人模仿中國人使用瓷具泡茶，但若直接倒入熱茶可能導致瓷杯過熱破裂，故先加入牛奶來降溫。當時的上流社會也因此會比較彼此的瓷器等級，若茶具能接受牛奶後加，表示此家族擁有的茶具等級更高。
>
> 　　中上階級的喝茶習慣，是先用茶壺浸泡茶葉，形成淡茶後再倒入單耳瓷杯裡。通常伯爵茶、烏龍茶是上流社會裡常見的茶品，茶色呈淡褐色，加入牛奶飲用，因為多會搭配甜品，通常不會加糖。而勞動階級的飲茶方式，則是以茶包沖泡於馬克杯中形成濃茶後再加入糖，牛奶則可融合濃茶的苦澀味，既濃又甜的阿薩姆故而成為受歡迎的茶，是需要消耗大量熱量的勞工階級喜愛的口味。
>
> 　　在階級制度逐漸模糊的今天，茶葉如何沖泡或牛奶先加後加，已不大有明顯界線。方便快速的茶包市面上隨處可見，再講究一些的，也能在茶葉專賣店找到喜歡的茶葉。至於是否要加牛奶，英國人會告訴你：「什麼都不加的紅茶，只比白開水好喝一點而已。」
>
> 　　　　　　　　　　── 改寫自謝昀瑾〈喝茶加不加糖，原來和階級有關〉

（1）請問英國人使用瓷器喝茶，為何要先加牛奶？

答：

（2）請問英國的上流社會如何比較瓷器的等級？

答：

（3）請將中上階級和勞動階級的喝茶習慣整理於下表中。

階級	茶具	茶的濃淡	常見茶種	是否加糖
中上階級				
勞動階級				

（4）文末說：「至於是否要加牛奶，英國人會告訴你：『什麼都不加的紅茶，只比白開水好喝一點而已。』」請你根據本句話判斷英國人喝茶是否加牛奶？並請說出你的判斷原因。

是否加牛奶	判斷原因
☐ 不加牛奶 ☐ 加牛奶	

11.

　　摺紙必須精準，切忌反覆翻弄，將紙摺磨得失去挺度。若紙起皺，邊線就會失去俐落的線條，摺出來的物件都會像失了精神般的軟癱。

　　小學時認識了一位大哥哥，手極巧，曾摺了一隻立體獨角仙給我。它有著厚實而層疊的腹部，擎起的獨角末端還如鹿角分岔。我珍藏多年，直至年長搬家方不知去向。

　　我從未能重現這隻獨角仙，人生也不若它的摺線一般乾淨俐落。【甲】我反覆把自己摺成不同的生物，試圖符合人生為我準備的每一個坑洞。

　　【乙】一群圓滑形狀的人們聚在一起談天，我小心翼翼斂起方正的直角，化為類似的圓體，悄悄滾近。另外也會遇上有稜有角的人們，我則對摺自己，讓角度更加突出。然而時間一長便洩了底，他們看穿，他們草草應付，藉機散去，剩下我獨自揣摩下次該變成哪種樣子。【丙】幾次把紙弄得殘破不堪後，勉強找到約略符合自己形狀的角落，適應下來了。

　　但當我決定把自己送往另一個城市，困惑又悄悄蔓延。以往公司宣告「我們要的是稀有動物」，因此我們的生活宗旨是特立獨行、轟轟烈烈。但向新單位報到的第一天，主管卻說：「這是一個叢林！那些需要特殊照顧與環境才能生存的稀有動物，比如說大象、孔雀，在這裡是無法生存的！【丁】我們需要的是蟑螂、是老鼠！」雖然明白他的誇飾，但還是受到了極大的震撼。

　　我又慌張了，這次，我應該把自己摺成什麼呢？

—— 改寫自謝子凡〈摺疊人生〉

（1）請根據前後文意，推測下列四句中的詞彙分別「象徵」什麼意義？

	詞彙	象徵意涵
甲	每一個坑洞	
乙	方正的直角	
丙	紙	
丁	蟑螂	

（2）請問在本文中，「摺紙」一事有何象徵？又，作者藉此抒發什麼感慨？

「摺紙」的象徵	藉此抒發的感慨

12.

德國由分裂到統一大事紀

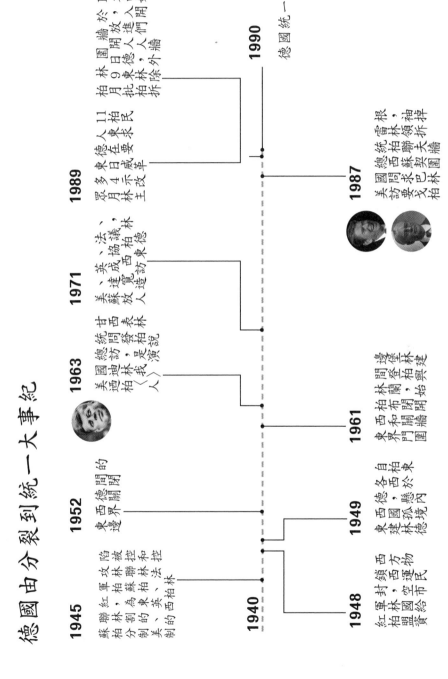

1945
蘇聯紅軍攻陷柏林，柏林被蘇聯控制為東、西柏林分割的東、西、法控制的西柏林

1952
東西德間的邊界關閉

1963
美國總統甘迺迪訪問西柏林，發表〈我是柏林人〉演說

1971
美、蘇、英、法達成協議，開放西柏林人進訪東德

1989
眾多東德人民在威要求改革

11月4日柏林示威

11月9日東柏林批准柏林圍牆拆除外牆

柏林圍牆於11日開放，德人們開始進入西東柏林，人們開始拆除外牆

1990
德國統一

1948
紅軍封鎖西柏林，西方盟國空運物資給柏林市民

1949
東、西德各自建國；西柏林孤懸於東德境內

1961
東西柏林間邊界和布蘭登堡門關閉，柏林圍牆開始興建

1987
美國總統雷根訪問西柏林，要求蘇聯領袖戈巴契夫拆掉柏林圍牆

（1）根據這張圖表，下列敘述何者正確？請在正確的部分打 ✔，並在其他錯誤的選項後寫下錯誤之處。

正確	選項	錯誤之處
	(A) 東、西德統一後，開始拆除柏林圍牆	
	(B) 東、西德從各自建國到統一超過四十年	
	(C) 蘇聯紅軍占領柏林後就開始興建柏林圍牆	
	(D) 柏林圍牆拆除後，西柏林人始能造訪東柏林	

（2）下面有四個事件，請依據圖表列出這四個事件的前後順序。

【甲】甘迺迪訪問西柏林　　　【乙】布蘭登堡門關閉

【丙】雷根當選美國總統　　　【丁】戈巴契夫下臺

答：

．．

．．

13.

上一頁這張圖最可能在傳達何種訊息？請用你的話詮釋。

答：

_____

_____

_____

_____

_____

14.

> 　　學不得法❶，猶願魚而無網，心雖勤而無獲；若得其要，猶順流馭舟，＿＿＿＿＿＿＿＿。
>
> 【注釋】❶法：辦法、要領

（1）請翻譯下列難句：

原句	翻譯
學不得法，猶願魚而無網，心雖勤而無獲；若得其要，猶順流馭舟	

（2）承上，請你用白話文填入最後一句，讓所翻譯的句子完整順暢。

答：

_____

_____

15.

> 　　龍眼枝甚柔脆，熟時賃❶慣手❷登採，恐其恣食，與約曰：「唱勿輟❸，輟則無薪。」樹枝扶疏，人坐綠蔭中，高低斷續，喁喁❹弗已❺。遠聽之，頗足娛耳。土人❻謂之「唱龍眼」。
>
> 【注釋】❶賃：僱用　　❷慣手：有經驗的人
> 　　　　❸輟：停止　　❹喁喁：低語聲
> 　　　　❺已：停止　　❻土人：當地人

（1）圈出在本故事中產生互動的主角

（2）請將適當的主詞或受詞填入括號中，也寫出文中代詞所代的人、事、物

> 　　龍眼枝甚柔脆，熟時（　　　）賃慣手登採，（　　　）恐 其（　　　）恣食，（　　　）與（　　　）約曰：「（　　　）唱勿輟，輟則無薪。」樹枝扶疏，人坐綠蔭中，（　　　）高低斷續，喁喁弗已。（　　　）遠聽 之（　　　），頗足娛耳。土人謂 之（　　　）「唱龍眼」。

（3）請翻譯下列句子：

原句	翻譯
龍眼枝甚柔脆，熟時賃慣手登採，恐其恣食，與約曰：「唱勿輟，輟則無薪。」	
樹枝扶疏，人坐綠蔭中，高低斷續，喁喁弗已。	
遠聽之，頗足娛耳。土人謂之「唱龍眼」。	

（4）根據本文，請整理「唱龍眼」此一現象的由來。

答：

....

....

....

16.

> 　　陸公嘗於市遇一佳硯，議價未定。既還邸，使門人往，以一金易歸。門人持硯歸，公訝其不類。門人堅證其是。公曰：「向❶觀硯有鴝鵒眼❷，今何無之？」答曰：「吾嫌其微凸，路遇石工，令磨而平之。」公大惋惜。

> 【注釋】❶ 向：之前、過去
> 　　　　❷ 鴝鵒眼：鴝鵒，音ㄑㄩˊ ㄩˋ。一種端溪硯石，石上斑紋呈圓點狀，大小像鴝鵒鳥的眼睛，故稱為「鴝鵒眼」

（1）圈出在本故事中產生互動的主角

（2）請將適當的主詞或受詞填入括號中，也寫出文中代詞所代的人、事、物

> 　　陸公嘗於市遇一佳硯，議價未定。（　　　　　）既還邸，使門人往，以一金易（　　　　　）歸。門人持硯歸，公訝其（　　　　　）不類。門人堅證其（　　　　　）是。公曰：「向觀硯有鴝鵒眼，今何無之（　　　　　）？」（　　　　　）答曰：「吾嫌其（　　　　　）微凸，路遇石工，令（　　　　　）磨而平之（　　　　　）。」公大惋惜。

（3）請翻譯下列句子：

原句	翻譯
陸公嘗於市遇一佳硯，議價未定	
既還邸，使門人往，以一金易歸	
門人持硯歸，公訝其不類。門人堅證其是	
公曰：「向觀硯有鴝鵒眼，今何無之？」	
答曰：「吾嫌其微凸，路遇石工，令磨而平之。」公大惋惜。	

（4）請問陸公為何要「大惋惜」？

答：

17.

莊子釣於濮水，楚王使大夫二人往先焉❶，曰：「願以境內累矣❷！」莊子持竿不顧，曰：「吾聞楚有神龜，死已三千歲矣，王巾❸笥❹而藏之廟堂之上。此龜者，寧其死為留骨而貴乎，寧其生而曳❺尾於塗❻中乎？」二大夫曰：「寧生而曳尾塗中。」莊子曰：「往矣！吾將曳尾於塗中。」

【注釋】❶往先焉：指先前往表達心意。焉：兼有「於之」的意思，到那裡
　　　　❷願以境內累矣：希望勞煩您協助國事
　　　　❸巾：覆蓋用的絲麻織品。這裡名詞用作動詞，用錦緞包裹
　　　　❹笥：放物品的竹器。名詞用作動詞，用竹匣裝
　　　　❺曳：拖，拽
　　　　❻塗：泥

（1）圈出在本故事中產生互動的主角

（2）請將適當的主詞或受詞填入括號中，也寫出文中代詞所代的人、事、物

莊子釣於濮水，楚王使大夫二人往先焉，（　　　　　）曰：「願以境內累（　　　　　）矣！」莊子持竿不顧（　　　　　），曰：「吾聞楚有神龜，死已三千歲矣，王巾笥而藏之（　　　　　）廟堂之上。此龜者，寧其（　　　　　）死為留骨而貴乎，寧其（　　　　　）生而曳尾於塗中乎？」二大夫曰：「（　　　　　）寧生而曳尾塗中。」莊子曰：「往矣！吾將曳尾於塗中。」

（3）請翻譯下列句子：

原句	翻譯
莊子釣於濮水，楚王使大夫二人往先焉，曰：「願以境內累矣！」	
莊子持竿不顧，曰：「吾聞楚有神龜，死已三千歲矣，王巾笥而藏之廟堂之上。此龜者，寧其死為留骨而貴乎，寧其生而曳尾於塗中乎？」	
二大夫曰：「寧生而曳尾塗中。」	
莊子曰：「往矣！吾將曳尾於塗中。」	

（4）請問莊子以何物比喻自己怎樣的心志？

比喻之物	莊子之意

18.

> 　　用兵久則驕惰自生，驕惰則未有不敗者。勤字所以醫惰，慎字所以醫驕，二字之先，須有一誠字以為本。立意❶要將此事知得透，辨得穿。精誠所至，金石為開，鬼神亦避，此在己之誠也。

【注釋】❶立意：下定決心

（1）請圈出關鍵詞，你覺得本文的關鍵詞是：（　　　　　　）

（2）請依據關鍵詞畫出關鍵句，並將關鍵句寫在下方並翻譯。

關鍵句	翻譯

（3）作者認為「用兵久」可能會有怎樣的弊病出現？又，這種弊病可以用怎樣的方式防治？而這些防治方式又以什麼為本？（可引原文說明）

「用兵久」的弊病	
此弊病的防治方式	
防治方式之本	

165

19.

> 「夏七月,赤日停天,亦無風,亦無雲。前後庭赫然如洪爐,無一鳥敢來飛。汗出遍身,縱橫成渠。置飯於前,不可得吃。呼簟欲臥地上,則地濕如膏,蒼蠅又來緣頸附鼻,驅之不去。正莫可如何,忽然疾澍澎湃之聲,如數百萬金鼓。簷溜浩於瀑布。身汗頓收,地燥如掃,蒼蠅盡去,飯便得吃。不亦快哉!」

（1）請根據上段文字,分析作者所遇到的狀況,並用你自己的話填入表格中。

作者面臨的狀況	
在此狀況中的處境	
遇到的轉折	
結果	

（2）根據這段文字,作者心情有怎樣的轉變?其轉變的關鍵是什麼?

作者心情的轉變	轉變關鍵

20.

> 　　「昔人未見麟，問嘗見者：『麟何類乎？』見者曰：『麟如麟也。』問者曰：『若吾嘗見麟，則不問子矣。而云麟如麟，寧可解哉？』見者曰：『麟者，麕❶身牛尾，鹿蹄馬背。』問者豁然而解。」

【注釋】❶麕：音ㄐㄩㄣ，形體似鹿之獸

（1）請問見過麒麟的人，前後分別以哪兩句話形容麒麟？聽者又有何反應？請寫下原文並翻譯。

	原文	翻譯
第一次 形容麒麟		
第一次 聽者反應		
第二次 形容麒麟		
第二次 聽者反應		

（2）承上，請問聽者反應為何有此差異？

答：

21.

> 「落帆逗淮鎮，停舫臨孤驛。浩浩風起波，冥冥日沉夕。人歸山郭暗，雁下蘆洲白。獨夜憶秦關，聽鐘未眠客。」

（1）一般詩句常可分為（A）寫景（B）敘事（C）抒懷（D）說理等四類用途。試分析此詩各詩句分別承載哪種用途，並簡單解釋 / 翻譯各詩句意涵。

詩句	用途	詩句意涵
落帆逗淮鎮，停舫臨孤驛。		
浩浩風起波，冥冥日沉夕。		

人歸山郭暗， 雁下蘆洲白。		
獨夜憶秦關， 聽鐘未眠客。		

（2）請問本詩在闡述詩人怎樣的狀況和心情？

答：

....

....

....

....

....

....

22.

去看白翎鷥❶　吳晟

我們通常選擇
太陽即將靠近海洋的下午
驅車抵達海邊村落
穿越一野蘆筍園
迎面望見，數排青青樹籬
懸掛紅色的燈籠花
那裡，有一個祕密
藏在田園後方的小山崙
我們屏息守候
不久響起一聲接一聲輕呼
看啊！四面八方飛掠而來
或十或百、成群的白翎鷥
從海岸覓食歸巢
在天空中迴旋出優美的弧線

目光還來不及跟隨
牠們翱翔的姿勢，已和晚霞
輕輕滑落小山崙的樹梢
引起枝頭一陣晃動
像白色浪花激盪在藍色海洋
這款擺的韻律
吸引我們專注的仰望

與白翎鷥美麗邂逅
是荒野中難得的驚喜
不敢太靠近，更不敢向人張揚
只能悄悄讚歎
彷如謹守相惜的約定

只因這是躲過開發計畫
幸而留存的保安林地
濃密的灌木叢
可讓群鳥安心棲息生育
唯恐粗野的賞鳥人潮
驚嚇了白翎鷥僅有的家園

暮色催我們離去
回程忍不住唱起兒歌
白翎鷥、擔畚箕、擔到叨位❷去
擔到童年的牛背
居家附近水田溝邊
這一步一昂首一啄食的尋常蹤跡
如今竟需驅車探訪
沿途追索迢遙的記憶

【注釋】❶白翎鷥：白鷺鷥
　　　　❷叨位：哪裡

（1）根據本詩，作者將田園後方小山崙白翎鷥翱翔的景象視為「祕密」的理由是什麼？

答：

（2）請問你覺得作者從本詩中透露何種心情？請說明你的推測依據。

作者心情	推測依據

綜合練習二

1.

> 　　脫離傳統，藝術就像沒有牧羊人的羊群；缺乏創新，藝術不過是具行屍走肉。

根據本句話，藝術必須兼顧什麼？原因為何？請用你的話解釋。

答：

....

....

....

....

2.

> 　　漢朝刺史巡視的要點有六：一看地方豪強是否恃強凌弱，二看郡守、公侯是否損公肥私，三看高官辦案是否草菅人命，四看官員是否任人唯親，五看高官子弟是否仗勢欺人，六看官員是否勾結地方豪強、牟取不法利益。

透過上面描述，請問你覺得刺史的巡視要點有何共通之處？也請你依此判斷「刺史」這個官職的主要職責是什麼？

巡視要點的共通之處	刺史的主要職責

3.

> 　　愛爾蘭文學家喬哀思流亡海外多年，其創作大多根植於早年在愛爾蘭 都柏林的生活。他曾說：「有一天，都柏林這座城市毀了，人們也可以憑藉我的小說，一磚一瓦的將之重建。」

透過這句話可看出小說具有什麼作用？

答：

....

....

....

....

....

4.

> 　　以往許多民生用品都以農作物製成，取之於大自然，還之於大自然，不會造成地球負擔、環境汙染。若更用心研發，一定可以製作得更精良、推廣得更普及。很可惜在工業產品的衝擊下，這些用品一一被取代而消失。

根據這段文字，請問作者的觀點為何？

答：

....

....

....

....

....

5.

> 　　素包子在宋朝是一大門類，因為佛教在宋朝已深入各階層，社會流行吃素，故素包子很受歡迎。宋人不稱素包子叫素包子，而是叫『酸餡兒饅頭』，簡稱『酸餡兒』。酸餡兒原指有酸味的雪裡紅包子，由於賣得特別多，就稱素包子為酸餡兒饅頭，如豆沙包子、芥菜包子都被宋人歸類到酸餡兒中。現代學者校點宋人筆記和話本，老把酸餡兒寫成『餿餡兒』，並說餿餡兒就是熟餡兒的意思，這都是不瞭解宋朝飲食所致。

請問素包子在宋朝受歡迎的原因是什麼？而它稱為「酸餡兒饅頭」的原因又是什麼？又，現代學者對「酸餡兒饅頭」一詞有何誤寫與誤解？

素包子在宋朝 受歡迎之因	
被稱為「酸餡兒饅頭」 的原因	
學者對「酸餡兒饅頭」 的誤寫與誤解	

6.

> 　　過去賭客玩拉霸機時，需要把紙鈔塞進機器裡，所以會看見皮夾裡的鈔票越來越少，能提醒自己適時收手。但現在他們用卡片玩拉霸機，卡片僅會記錄他們的輸贏情況。賭客難以意識到自己正不斷輸錢，只能隱約記得花了多少錢。

這段文字在說明什麼？

答：

....

....

....

....

7.

商代人只在上、下午各吃一餐，因為農業社會耕作頗費體力，早上需好好補充精力，下午因太陽將西下，無法再工作，不如早睡早起，故不必吃得多。春秋晚期以來，隨著牛耕鐵器的廣泛使用，尤其是戰國時代鐵器的普及，生產力大大提高。社會的面貌起了很大的變化，人們的生活內容漸漸豐富起來，許多人開始在夜間從事非生產性的工作，富人娛樂活動增加，便多一餐以補充體力。

根據這段文字，請完成下列填空，整理出古人從兩餐變成三餐的原因。

（　　　　　　）普及 ➡ （　　　　　　）提升 ➡ 生活變得豐富，（　　　　　　）、（　　　　　　）增加 ➡ 多一餐補充體力

8.

多麼奇特的關係啊！如果我們是好友，我們會彼此探問，打電話、發簡訊、寫電郵、相約見面，表達關懷。如果我們是情人，我們會朝思暮想，會噓寒問暖，會百般牽掛，因為，情人之間是一種如膠似漆的黏合。如果我們是夫妻，只要不是怨偶，我們會朝夕相處，會耳提面命，會如影隨形，會爭吵，會和好，會把彼此的命運緊緊纏繞。

但我們不是。我們不會跟好友一樣殷勤探問，不會跟情人一樣常相廝磨，不會跟夫婦一樣同船共渡。所謂兄弟，就是家常日子平淡過，各自有各自的工作和生活，各自做各自的抉擇和承受。我們聚首，通常不是為了彼此，而是為了父親或母親。聚首時即使促膝而坐，也不必然會談心。即使談心，也不必然有所企求——自己的抉擇，只有自己能承受，在我們這個年齡，已經了然在心。有時候，我們問：母親也走了以後，你我還會這樣相聚嗎？我們會不會，像風中轉蓬一樣，各自滾向渺茫，相忘於人生的荒漠？

然而，又不那麼簡單，因為，和這個世界上所有其他的人都不一樣，我們從彼此的容顏裡看得見當初。我們清楚地記得彼此的兒時——老榕樹上的刻字、日本房子的紙窗、雨打在鐵皮上咚咚的聲音、夏夜裡的螢火蟲、父親念古書的聲音、母親快樂的笑、成長過程裡一點一滴的羞辱、挫折、榮耀和幸福。有一段初始的生命，全世界只有這幾個人知道，譬如你的小名，或者，你在哪棵樹上折斷了手。

南美洲有一種樹，雨樹，樹冠巨大圓滿如罩鐘，從樹冠一端到另一端可以有三十公尺之遙。陰天或夜間，細葉合攏，雨，直直自葉隙落下，所以樹冠雖巨大且密，樹底的小草，卻茵茵然蔥綠。兄弟，不是永不交叉的鐵軌，倒像同一株雨樹上的枝葉，雖然隔開三十公尺，但是同樹同根，日開夜闔，看同一場雨直直落地，與樹雨共老，挺好的。

—— 改寫自龍應台《共老》

（1）作者認為「兄弟姊妹」這個關係較一般朋友、情人、夫妻有何
疏離之處？又有何獨特的親密之處？

疏離之處	獨特的親密之處

（2）請問作者在文末提及的「雨樹」與本文所寫兄弟姊妹之情有何
相似之處？為何作者要以此作結？

「雨樹」與兄弟姊妹之情相似之處	作者以「雨樹」作結的可能原因

9.

最近仰光進入雨季，我看著路上行人的拖鞋，想到多年前初到緬甸工作時發生的事。

緬甸的正式服裝，無論男女，一定是長到腳踝的沙龍配上紅色呢絨面的牛皮拖鞋。既然穿拖鞋的時間這麼多，舒適度就很重要。但奇怪的是，緬甸人在我眼中好「沒常識」，總喜歡買小一號的拖鞋，感覺腳跟都露在外面，看了就覺得不舒服。

直到一個當地朋友解釋給我聽：「緬甸雨季長，要是拖鞋比腳長，每走一步就會將雨水濺起來，弄溼沙龍的下擺。」

原來「鞋子要比腳大一點點比較好」這種想法，完全不適用生活在一年有半年是雨季地方的人。如果用我們已知的想法看待緬甸人，自然覺得他們莫名其妙，又不是說小一點的鞋子用料就可以少一點、價格便宜一點，何必那麼委屈呢？

實際上，我問了其他東南亞國家的朋友，尤其是印尼人，也覺得鞋子長度不能超過腳丫子，是理所當然的「常識」。

從那一刻起，我學會了＿＿＿＿＿＿＿＿＿＿＿＿＿＿＿＿＿。

我在工作跟生活當中，每次聽到某些人鼻孔哼氣，說「這用腳底想也知道」，或是「那根本就是常識啊」，總是會為對方冒一陣冷汗，一個不知道自己認知的常識並非放諸四海皆準的人，恐怕才是最欠缺常識、被人當作笑話談論的那個。

去過世界越多地方，我越覺得自己常識不足。夏天在公眾運輸工具上，若有人坐在一個位置上很久剛起身，我們一定嫌熱不會想去坐。我去埃及唸書，卻發現即使旁邊還有空位，大家都會去搶別人剛剛坐過的座位，原來剛坐過的位置最涼爽，因為人的體溫只有攝氏37度，但外面的氣溫高達45度。這種埃及人一定都知道的「常識」，任何一個來自夏天不會超過37度國家的人，都絕對不會有。

我的眼睛朝著自己的腳望去，只看得到腳背，完全看不到腳下的拖鞋，「嗯，這雙大小剛剛好啊！」我在心裡跟自己說，起身走進雨中的仰光，滿心愉悅！

—— 改寫自褚士瑩〈大小剛好的鞋子〉

（1）請根據本文整理出兩個和我們一般人不同的「常識」及其背後的原因。

地點	當地人的「常識」	和我們的常識不同之因
1.		
2.		

（2）根據上面兩個例子，請問作者對「常識」有何觀點？

答：

（3）請你試著找一句話填入「從那一刻起，我學會了＿＿＿＿＿。」使前後文意相連貫。

答：

10.

　　小孩可愛，大多數寫小孩的文字都在歌頌他們，讚美童心純真無邪。寫的人的出發點大約和歌頌星光、鮮花、青春……一樣，愛的是這些東西表相的純美可喜，至於童心裡頭真有些什麼，說時恐怕未必想到。

　　其實，所有成人可能有的東西，小孩的小小心裡必也一應俱全。因此小孩也是可怖的，他們是所有不可知的未來的決定者，【甲】純美的表相下隱藏無窮或善或惡的可能。

　　當然，小孩還別有可憎處。范德之教授說不曾為人父母的，沒資格寫小說，因為「還沒真正經歷過人生的苦難」。他是我所熟知的人當中，對小孩的喧鬧最深惡痛絕的一位。蘇軾《東坡集》裡有一個對付小孩吵鬧的辦法：「塗巷小兒薄劣，為其家所厭苦，輒與數錢，令聚坐聽說古話。」為當時的街巷說書留下了一個難得的紀錄，也證明童心自來就是「不古」的，【乙】戲嬰圖裡那些肥嘟嘟、一團和氣的小孩，是千百年來大人們從來沒有實現過的夢。

　　【丙】文人當中特別喜歡小孩和特別厭苦小孩的都有。前者如寫《愛麗絲漫遊奇境記》的路易斯・卡羅，後者如英國詩人拉肯。卡羅一生結交無數小朋友，其不朽之作《愛麗絲漫遊奇境記》便是他說給他最鍾愛的小女孩愛麗絲聽的故事發展出來的。拉肯則正相反，「小孩無非自私、吵鬧、殘忍與粗俗」，【丁】生命對於他，只是一代代把悲慘傳遞下去。

　　巧合的是，卡羅和拉肯有許多相似之處，兩人都口吃，生性羞怯，有反社會的傾向。拉肯的飯桌前據說從來沒有過一張以上的椅子，因為深怕客人會留下來吃飯。卡羅有坐立不安的毛病，不善交際，只有面對小朋友時才諧趣自在。

　　兩人更大的相似是都終生未婚，固然也各自有他們的理由。但，也許，識得了孩子的真相——不管是最可愛的還是最不可愛的——也就臨近了生命的真相。這，使人在面對由自己來延續生命的可能時，會悚然心驚舉足不前吧。

—— 改寫自黃碧端〈愛憎童蒙〉

（1）請在本文中分別找出兩句對孩子的正面描述（可愛之處）和負面描述（可憎之處）。

正面描述 （可愛之處）	1. 2.
負面描述 （可憎之處）	1. 2.

（2）請在本文中找出喜歡孩子的文學家和討厭孩子的文學家，並寫出他們對孩子愛／憎的言行表現。

喜歡孩子的文學家	討厭孩子的文學家
喜歡孩子的言行表現	**討厭孩子的言行表現**

（3）請問本文中【甲】、【乙】、【丙】、【丁】四句話中，哪句話最呼應文末的「不管是最可愛的還是最不可愛的」這句話？爲何你覺得這是最呼應的一句話？

最呼應的一句話	最呼應的原因

（4）請問你喜歡大約 0 ～ 8 歲的小孩子嗎？你對那些小小孩的感覺是如何呢？

是否喜歡	我對小小孩的感覺
☐ 喜歡 ☐ 不喜歡 ☐ 不確定	

11.

> 「閱讀」是最適合一個人進行的行為，毫無落單的疑慮，它要求靜默，摒除和人交談的需求。我在圖書館，拿起書，坐定在某一處，沉入書中世界。在此，我不再是被他人拋下的，是我選擇背對那些喧譁。一開始僅僅是裝模作樣，但我漸漸發現，手中捧讀的，往往是其他質數的孤獨。這一冊冊的創作，使我瞭解到，在廣漠人世裡，不只只我是落單者，正如 37 後面有 41，101 前面有 97。身為質數，在數列裡，我們無法緊挨著取暖，總是隔著許多無法理解我們的他人，但那孤獨正是因為身具的奇特性質而來。那麼，我，與其他親愛的質數，難道不正因此是特別的？於是才終於相信，自己不是被除法剩下的那孤絕丁零的餘數，而是個不需他人合成的質數。後來，我體認到這些同為質數者，是以寫作面對自身的孤絕、痛苦，且彷彿因此得到救贖。同時，也正因其出眾的書寫，寫定了自身價值。我驚喜地發現，那不會離開自我的「一」，能與自身緊緊相繫的，原來正是「寫作」。
>
> —— 徐孟芳〈質數〉

（1）請問在本文中，作者把「質數」借代為什麼？請你找出一個詞彙來理解「質數」在本文中的寓意。再以此推測「數列」一詞在此處可用哪些詞彙替換？（可根據「身為質數，在數列裡，我們無法緊挨著取暖，總是隔著許多無法理解我們的他人，但那孤獨正是因為身具的奇特性質而來」一句去進行推斷）

詞彙	背後意涵（可替換詞彙）
質數	
數列	

（2）後來作者體認到這些「質數者」以怎樣的方式救贖自己，完成自我價值？

答：

12.

　　證道會過後不久，天氣開始熱了。眼看六月底就要到來。證道會那個星期天下了場遲來的雨，次日，夏天的氣燄便忽地在天空與屋舍上方爆發開來。首先是一陣焚熱強風吹拂一整天，把牆壁都吹乾了。接著太陽定住不動，城裡鎮日洶湧著一波接一波的熱浪光影。除了拱廊街與公寓樓房之外，城裡好像沒有一處見不到刺眼欲盲的反光。【甲】陽光大街小巷地追著市民跑，一等他們停下來便立刻出擊。由於暑熱乍到，死亡人數也剛好急遽上升，每星期約有七百人，奧蘭城於是籠罩在一種沮喪的氣氛中。郊區裡，平坦街道與平頂房舍之間不再生氣勃勃，而且這一區的居民平常總是坐在門口，如今卻是所有的門戶窗扉緊閉，也不知道是想躲瘟疫還是太陽。不過有幾戶人家家裡傳出呻吟聲。以前要是發生這種事，經常可以看見好奇民眾站在路上留神傾聽。【乙】但經過這長久下來的警戒之後，好像每個人的心腸都變硬了，無論是走路時或生活中聽到痛苦呻吟聲都能置若罔聞，彷彿那是人類的自然語言。

在各城門的打鬥迫使警察不得不使用武器，也同時引發一種暗地裡的騷動。【丙】<u>打鬥中當然會有人受傷，但在城裡由於受到燠熱與恐懼的影響，所有事情都被誇大了，因此便有傳聞說死了人</u>。總之民眾不滿的情緒確實不斷擴大，政府也確實擔心發生最壞情況，而認真考慮了萬一這群被困在疫病當中的民眾發生暴動，應該採取哪些措施。報上公布了一些法令，再次重申出城的禁令，違者可能得坐牢。城裡派出巡邏隊巡視。在那些空蕩蕩又熱得發燙的街頭上，經常會先聽到馬蹄聲，接著便會看見騎馬的衛兵從兩排緊閉的窗戶之間經過。【丁】<u>巡邏隊的身影消失後，受威脅的城區便再次陷入一片沉重且充滿猜疑的寂靜之中</u>。每隔一段時間 都會有槍聲響起，那是幾支武裝的特殊小隊最近奉命撲殺貓狗，因為牠們也可能傳播跳蚤。這些冷硬的槍聲更增添城裡的肅殺氣氛。

—— 節錄自卡繆《鼠疫》

（1）請以你的話，根據文中前後文意及括號中的問題引導，試著詮釋上述橫線標記的幾句話。

文句	我的詮釋
【甲】陽光大街小巷地追著市民跑，一等他們停下來便立刻出擊。 （「陽光大街小巷地追著市民跑」是什麼意思？）	
【乙】但經過這長久下來的警戒之後，好像每個人的心腸都變硬了，無論是走路時或生活中聽到痛苦呻吟聲都能置若罔聞，彷彿那是人類的自然語言。 （為何「好像每個人的心腸都變硬了」，會對他人的痛苦呻吟聲置若罔聞？）	

【丙】打鬥中當然會有人受傷，但在城裡由於受到燠熱與恐懼的影響，所有事情都被誇大了，因此便有傳聞說死了人。 （為何「有傳聞說死了人」？）	
【丁】巡邏隊的身影消失後，受威脅的城區便再次陷入一片沉重且充滿猜疑的寂靜之中。 （為何城區會「受威脅」？又為何會「陷入一片沉重且充滿猜疑的寂靜之中」？）	

（2）根據文中第二段的描述，請問政府所擔心的「最壞狀況」是什麼？

答：

....

....

....

....

....

13.

> 　　周老師在黑板上寫道：「天下沒有一個人從不羨慕別人，只有少數人從沒被別人羨慕過。」她請學生以圖表來表示這句話，請你以長條圖繪製下表並寫出所占比例，以完成周老師的指示。
>
> ※ 貼心小提示：「會羨慕別人的人」及「不羨慕別人的人」之比例加起來應為 100%；「沒被別人羨慕的人」與「被羨慕的人」之比例加起來應為 100%。

請以鉛筆繪製「會羨慕別人的人」、「不羨慕別人的人」之比例，以藍筆繪製「沒被別人羨慕的人」與「被羨慕的人」之比例。

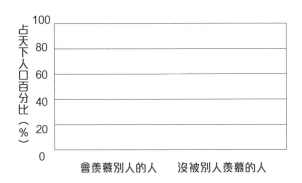

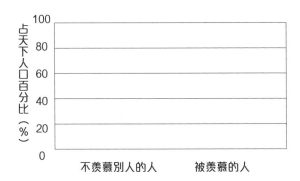

14.

> 藍水溪是青水溪最大的支流，它有三條支流，最大支流瓦里蘭溪發源自初雲風景區，上、下游海拔落差達 1500 公尺，由東向西行，沿路形成乾坤峽谷等特殊景點，溪水來到日月鎮光明里，匯進藍水溪。另兩條支流皆發源於高土山北麓，在依蘇坪相匯。洛瑪颱風之後，沿瓦里蘭溪河谷，多處著名觀光景點被強大洪水更動了原貌，著名的乾坤峽谷也被沖毀變形。

右圖顯示藍水溪及其支流的位置。請你對照圖文，找出圖中甲～丙的地點分別為何？

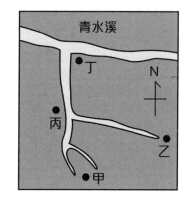

【甲】

【乙】

【丙】

15.

> 隋煬帝善屬文❶，而不欲人出其右，司隸薛道衡由是得罪。後因事誅之，曰：「更能作『空梁落燕泥』否？」

【注釋】❶屬文：連綴字句而成文，指寫文章

（1）圈出在本故事中產生互動的主角

（2）請將適當的主詞或受詞填入括號中，也寫出文中代詞所代的人、事、物

> 隋煬帝善屬文，而不欲人出<u>其</u>（　　　　）右，司隸薛道衡由<u>是</u>（　　　　）得罪。後（　　　　）因事誅<u>之</u>（　　　　），（　　　　）曰：「（　　　　）更能作『空梁落燕泥』否？」

（3）請翻譯下列句子：

原句	翻譯
隋煬帝善屬文，而不欲人出其右，司隸薛道衡由是得罪。	
後因事誅之，曰：「更能作『空梁落燕泥』否？」	

（4）請問薛道衡得罪隋煬帝的真正理由是什麼？

答：

（5）由本文可推知隋煬帝的個性如何？你從何推知？

隋煬帝的個性	推測原因

16.

> 　　蘇東坡自述：「自今日以往，不過❶一爵❷一肉。有尊客，盛饌則三❸之，可損不可增。有召我者，預以此先❹之，主人不從而過是者，乃止。一曰安分以養福，二曰寬胃以養氣，三曰省費以養財。」

【注釋】❶ 不過：不超過　　　❷ 爵：酒
　　　　❸ 三：在此指三道肉　❹ 先：先行告知

（1）請問有哪些句子在描述蘇東坡的「飲食原則」？請寫在下方並翻譯之。

蘇東坡的飲食原則	翻譯

（2）如果有人要宴請蘇東坡，請問蘇東坡會怎麼做？請找出相關句子並翻譯之。

蘇東坡的做法	翻譯

（3）請問這個飲食原則的好處是什麼？請寫在下方並翻譯之。

此飲食原則的好處	翻譯

17.

> 名不可以倖取也。天下之事，固有外似而中實不然者。倖其似而竊其名，非不可以欺一時，然他日人即其似而求其真，則情現實吐，無不立敗。

（1）請問作者為何認為「名不可以倖取也」？請找出描寫相關原因的句子並翻譯之。

「名不可以倖取也」之因	翻譯

18.

> 　　世人之事君者，皆以孫叔敖之遇楚莊王為幸，自有道者論之則不然，此楚國之幸。楚莊王好周遊田獵，馳騁弋射，歡樂無遺，盡付其境內之勞與諸侯之憂於孫叔敖。孫叔敖日夜不息，不得顧及養生之事，故使莊王功績著乎竹帛，傳乎後世。

（1）爲何作者認爲楚莊王遇到孫叔敖才是「幸」？請找出相關文句並翻譯。

相關文句	翻譯

（2）請填寫下列空格，分析作者的寫作手法。

1. 先寫：

2. 再點出：

19.

> 洛陽之俗，大抵好牡丹，春時城中無分貴賤皆插花，雖負擔者亦然。花開時，士庶競為遊遨，至花落乃罷。洛陽至東京六驛，舊不進花，自今歲遣衙校一員，乘驛馬，一日一夕至京師。所進不過姚黃魏紫三數朵。以菜葉實竹籠子，藉❶覆之使馬上不動搖，以蠟封蒂，乃數日不落。

【注釋】❶藉：鋪墊

（1）依照本文，請問洛陽城人有何種習慣？請根據第一、二句話找出兩個。

1.	
2.	

（2）請問為了讓牡丹花順利被運送京師，送花者會使用哪些方式使花不會因路途顛簸而凋落？請找出原句並翻譯。

封存牡丹花的方式（原文）	翻譯

20.

【甲】柳開少好任氣，大言凌物❶。應舉時，以文章投於主考簾前，
凡千軸，載以獨輪車。引試❷日，自擁車入，欲以此駭眾取
名。其時張景能文有名，唯袖一書簾前獻之。主考大稱賞，
擢景優等。時人為之語曰：「柳開千軸，不如張景一書。」

—— 改寫自沈括《夢溪筆談》

【乙】張景，字晦之，江陵 公安人。幼能長言，嗜學尤力。貧不治
產，往從柳開。開以文自名，而薦寵士類，一見歡甚，悉出
家書予之，由是屬辭益有法度。開每曰：「今朝中之士，誰
踰晦之者！」即厚饋，使如京師。後中進士。

—— 改寫自宋祁〈故大理評事張公❸墓誌銘❹〉

【丙】相關人物簡表

姓名	西元生卒年	中舉年分
柳開	948～1001	973
張景	970～1018	1000
宋祁	998～1061	1024
沈括	1031～1095	1063

【注釋】❶凌物：傲視他人
　　　　❷引試：面試
　　　　❸張公：指張景
　　　　❹墓誌銘：記錄死者生平事蹟的石刻文字

（1）請找出【甲】文中描述柳開和張景的文句，並翻譯之。

	原文	翻譯
對柳開的描述		
對張景的描述		

（2）承上，請問時人對此二人中誰的評價較高？請說出你的判斷依據。

評價較高之人	判斷依據

（3）請根據【乙】文，找出描述張景背景之句，以及柳開協助張景之句，並翻譯之。

	原文	翻譯
張景的背景		
柳開對張景的協助		

（4）【甲】、【乙】兩文對於柳開和張景的描述差異甚大，請你從【丙】表格找證據，說說看你覺得【甲】、【乙】兩文何者真實性較高？

真實性較高的文章	原因

21.

①冷淡是秋花，更比秋花冷淡些。　②到處芙蓉供醉賞，從他。自有幽人處士誇。　③寂寞兩三葩。盡日無風也帶斜。　④一片西窗殘照裡，誰家。捲卻湘裙薄薄紗。

你覺得這闋詞中的哪一句話最能表達作者不隨流俗、終能獲得賞識的想法？請說明為何你覺得是這句話？

最能表達不隨流俗的一句話	
覺得是上述這句話的原因	

22

> 辛棄疾〈西江月〉江行采石岸，戲作漁夫詞
>
> 　　千丈懸崖削翠，一川落日鎔金。白鷗來往本無心。選甚風波
> 一任。別浦魚肥堪膾，前村酒美重斟。千年往事已沉沉。閒管興亡
> 則甚。

（1）請寫下本闋詞的作者、詞牌名和題目，並根據題目推測本闋詞
的內容在寫什麼？

作者	
詞牌名	
題目	
本闋詞的內容	

（2）一般詩／詞句常可分為（A）寫景（B）敘事（C）抒懷（D）
說理 等四類用途。試分析此闋詞各詞句分別承載哪種用途，並簡單
解釋／翻譯各詞句意涵。

詩句	用途	詩句意涵
千丈懸崖削翠， 一川落日鎔金。		
白鷗來往本無心。 選甚風波一任。		
別浦魚肥堪膾， 前村酒美重斟。		
千年往事已沉沉。 閒管興亡則甚。		

（3）請問你覺得作者透過本闋詞想表達什麼意涵？

答：

綜合練習三

1.

> 　　常常我們只記得結果的不完美，卻忘記收穫滿滿的過程。就像吹泡泡，其實不需要太在意泡泡不免會破掉。

請問這句話是什麼意思？

答：

　　　　　　　　　　　　　　　　　　　　　　　　　　　　　　

　　　　　　　　　　　　　　　　　　　　　　　　　　　　　　

　　　　　　　　　　　　　　　　　　　　　　　　　　　　　　

2.

> 　　有位作家曾說：「現代的年輕人都不會寫作，他們寫的小說千篇一律都是『兩個面貌模糊的人，在一個空曠的地方對話』。」

根據這段話，請問作家認為現代年輕人的作品有何缺點？請你說出兩點，並說明判斷依據及得此判斷的原因。

現代年輕人的作品缺點	判斷依據及原因
1.	
2.	

3.

> 　　據說盆景始於漢、唐，盛於兩宋。明朝 吳縣人王鏊作《姑蘇志》有云：「虎丘人善於盆中植奇花異卉，盤松古梅，置之几案，清雅可愛，謂之盆景。」是姑蘇不僅擅園林之美，且以盆景之製作馳譽於一時。劉鑾《五石瓠》：「吾人以盆盎間樹石為玩，長者屈而短之，大者削而約之，或膚寸而結果實，或咫尺而蓄蟲魚，蓋稱盆景，元人謂之些子景。」些子大概是元人語，細小之意。

請根據這段話，找出兩段描述「盆景」的話。又何處的盆景製作很有名？盆景在元朝有何稱呼？

前人對「盆景」的描述	
1.	
2.	
製作盆景很有名之處	
元人對盆景的稱呼	

4.

> 　　林懷民悼念雲門舞集燈光設計師張贊桃：「你的燈光輕聲細語，除非必要，絕不大聲號叫。典雅寫意，呼吸般起落的燈光成為雲門的特色。臺灣舞評少，評舞也不提燈光。國外談雲門不讚美你的舞評極少。他們說你是大師，你一笑置之。等到有人說，你的燈光讓他想起林布蘭❶，你就如逢知音，開懷咧口笑了。那幾年，你吃林布蘭睡林布蘭，到了美術館，幾乎把鼻子貼到他的畫作上。」

【注釋】❶林布蘭：巴洛克美術的代表作家

根據這段文字，林懷民怎樣描寫張贊桃的燈光設計？又，台灣舞評和國外舞評對於他的燈光設計評價有何差異？而張贊桃本人最喜歡哪種評價？爲什麼？

張贊桃的燈光設計風格		
台灣舞評和國外舞評對張贊桃的燈光設計評價	台灣舞評	國外舞評
張贊桃最喜歡的評價		
喜歡此評價的原因		

5.

> 　　65% 的英國人承認壺裡的水裝太滿，其實他們通常只需要泡一
> 杯茶。有人算出，使用電水壺一天額外產生的能源消耗，足以點亮
> 英國一個晚上所有的路燈。

請根據這段話推論，為何 65% 的英國人承認壺裡的水裝太滿？而裝
太滿又可能造成怎樣的後果？

承認水裝太滿 的原因	
可能造成的後果	

6.

> 　　＿＿＿＿＿＿＿＿＿。所以，我們寧願放掉功課而選擇看漫畫、滑
> 手機，因後者帶來的快樂往往是立即的。此外，開心時大腦會分泌
> 多巴胺，讓人容易重複相同的行為，難怪我們會不斷看漫畫、滑手
> 機，直到考試時間逼近，才開始熬夜抱佛腳。

請你根據這段話推測，「所以……」的前一句話可填入什麼，才能使
本段話意涵順暢？

答：

7.

> 　　美國有名男子在家中裝攝影機，24 小時在網路上播放他的生活，因此成為名人，甚且登上雜誌封面。這透露著有些人不再介意被窺視，甚至樂於被窺視。人有時會覺得孤寂，希望被注意，讓人覺得自己很重要。那些被窺視的人，既然知道鏡頭在哪裡，是否會有表演的性質呢？

請問作者寫這段文字的觀點為何？

答：

8.

　　「旁若無人」的精神表現在日常行為上者不只一端，其中經常令人困惱的乃是高聲談話。在喊救命的時候，聲音當然不嫌其大，除非是脖子被人踩在腳底下，但是普通的談話令人聽見即可，而無須一定要力竭聲嘶的去振聾發聵。生理學告訴我們，發音的構造是很複雜的，說話一分鐘要有九百個動作，有一百塊筋肉在弛張，但是大多數人似乎還嫌不足，恨不得嘴上再長一個擴大器。有個外國人疑心我們國人的耳鼓生得異樣，那層膜許是特別厚，非扯著脖子喊不能聽見，所以說話總是像打架。這批評有多少真理，我不知道。不過我們國人會嚷的本領，是誰也不能否認的。電影場裡電燈初滅時候，總有幾聲「噯喲，小三兒，你在哪兒哪？」在戲院裡，演員像是演啞劇，大鑼大鼓之聲依稀可聞，主要的聲音是觀眾鼎沸，令人感覺好像是置身蛙塘。在旅館裡，好像前後左右都是廟會，不到夜深休想安眠，安眠之後難免有響皮底的大皮靴，毫無慚愧的在你門前踱來踱去。天未亮，又有各種市聲前來侵擾。一個人大聲說話，是本能；小聲說話，是文明。以動物而論，獅吼，狼嗥，虎嘯，驢鳴，犬吠，即使是小如促織蚯蚓，聲音都不算小，都不會像人似的有時候也會低聲說話。大概文明程度愈高，說話愈不以聲大見長。群居習慣愈久，愈不容易存留「旁若無人」的幻覺，我們以農立國，鄉間地曠人稀，畎畝阡陌之間，低聲說一句「早安」是不濟事的，必得扯長了脖子喊一聲「你吃過飯啦？」可怪的是，在人煙稠密的所在，人的喉嚨還不能縮小。更可異的是，紙驢嗓，破鑼嗓，喇叭嗓，公雞嗓，並不被一般人認為是缺陷，而且「麻衣相法」還公然的說，聲音洪亮者主貴！

──改寫自梁實秋〈旁若無人〉

（1）本文透過哪種行為來形容「旁若無人」的狀態？

答：

　　...

　　...

（2）承上，作者陳敘了許多例子來說明那種「旁若無人」的狀態，
請列出三個。

答：1...

　　2...

　　3...

（3）請問作者對這種狀態的評價如何？你從哪些文句來判斷？請說
明判斷依據。

作者的評價	判斷依據

9.

秋刀魚是一群擠成一團的洄游性小型魚類，像羔羊群一樣，遇到獵食者突襲時，除了逃，沒什麼其他本領。牠的外體沒任何硬刺，不像許多魚有背刺、鰓蓋棘或尾柄鉤，多少讓獵食者受點苦頭。體內細刺多，胸刺如髮絲柔細，骨骼帶點青綠色，曾被以為和重金屬汙染有關。

一般用來引誘魚隻上鉤的魚餌，除了鮮、肥，更講究的是要夠腥、夠臊。秋刀魚肥美多油、體味重，符合餌料的條件。牠原生在高緯度的冷海水域，初從日本進口到臺灣時，「烤秋刀」曾是名貴的海鮮料理。後來，臺灣遠洋漁船開發了庫頁島、北海道附近的漁場，漁獲暴增，秋刀魚變成處處看得到、人人吃得起。量多價賤，從高貴到不貴，牠不再只是岸上的海鮮，熱帶水域裡永遠飢餓的獵食者，也因而得以品嚐秋刀魚的美味。

—— 改寫自廖鴻基〈秋刀魚〉

（1）請根據本文整理秋刀魚的外型、生存水域、生物特色、適宜用途。

外型	
生存水域	
生物特色	
適宜用途	

（2）請問秋刀魚本是名貴料理，為何後來變得量多價賤？

答：

....

....

....

10.

晚明文人旅遊風氣很盛，遊必有記，但大部分是「小品」，像張岱的〈湖心亭賞雪〉、〈西湖七月半〉，袁宏道〈鑑湖〉、〈雨後遊六橋記〉，都是短程定點旅遊，所記也是很個人的內心抒發——因景而生的末代感傷，恍惚驚愕，繁華夢醒。

同時代的《徐霞客遊記》很不一樣，徐霞客花了三十年，足跡遍及大江南北。他翻山越嶺、過河渡湍，所經歷之人文風俗、景觀異致、地質奇貌、種族宗教……，無不一一記錄，留下三十餘萬字的遊記與資料。

清人潘耒形容徐霞客：「途窮不憂，行誤不悔，瞑❶則寢樹石之間，飢則啖草木之實，不避風雨，不憚虎狼，不計程期，不求伴侶，以性靈遊，以軀命遊，亙古以來，一人而已。」徐霞客曾在旅途中遭土匪洗劫一空，友死心慟，有人勸他返鄉，他仍堅定的說：「吾荷一鍤來，何處不可埋吾骨耶？」可見他不但有登山客的勇氣，還有探險家的毅力，更有豁達的人生觀。

—— 改寫自謝邦振〈徐霞客　穿越古今五百年〉

【注釋】❶瞑：音ㄇㄧㄢˊ，通「眠」

（1）根據本文，請問《徐霞客遊記》和同時代的遊記有何不一樣？

同時代的遊記特色	《徐霞客遊記》特色

（2）作者認為徐霞客「不但有登山客的勇氣，還有探險家的毅力，更有豁達的人生觀」，請問他從那些地方推斷徐霞客的這些特色？請各找出一相關證據。（可引原句證明）

徐霞客的特質	相關證據
登山客的勇氣	
探險家的毅力	
豁達的人生觀	

11.

颱風來了。

颱風來自遙遠的海面，總是選擇花蓮為登陸地點。在夏天漫長而炎熱的一長串又一長串日子裡，有時我們會感覺天地間突然好像有一點反常的運作，日頭黯淡，到處吹著不緩不急的風。起先就是這樣的，那風也不是夏日海邊習習的涼風，帶著一層鬱燠的氣息，甚至是溫熱的，但又沒有一點溼意。樹葉飄飄自相拍打，螞蟻在牆角匆忙地奔走，隔壁院子裡的公雞奇怪地和帶著小雛的母雞一起擠在雨廊下，很不安地東張西望，電線桿上的麻雀都不知道飛到哪裡去了。若是抬頭看後面的大山，你會發覺那山比平時更清朗更明亮，樹木歷歷可數，蒼翠裡彷彿鍍著一層銀光。

起先是陣陣急雨被強風颳來，擊打鐵皮屋頂和木板牆。坐在榻榻米上，我什麼都看不見，只聽到風雨的聲音一陣比一陣大。那時我可以想像，來了來了，從遙遠的海面正有一團黑黑的氣體向花蓮這個方向滾來，以一定的速度，挾萬頃雨水，撕裂廣大的天幕，正向這個方面滾來，空中的雲煙激越若沸水，海水翻騰搖擺，憤怒地向陸地投射。我坐在昏黃的電燈下專心聽颱風猛烈地拍著，搖著，呼吼著。我傾耳再聽，可以感覺到海岸上狂濤攻擊防波堤的號角和鼙鼓，一陣急似一陣，而天就這樣黑下來了。

是的，颱風從海上來，迅速撲向這低伏在山下的小城。在風球一一升起之後，我們知道風將帶著巨量的雨水□□（狂奔／散步／輕掠／灌溉）過小城的上空，把一些大樹連根拔起，把籬笆一一掀倒，把電線桿推翻，甚至把誰家將就的屋頂吹跑，把橋梁和鐵路移動一個位置，讓山石和泥濘□（傾／堆／鋪／搖）入公路，堵住來往的交通。在我幼小的心靈裡，颱風帶來一個狂暴的奇異的夜，電燈不亮了，小桌上點一根蠟燭，火光在轟然的黑暗裡搖晃，有時突然□（爆／綻／澆／開）出一朵花來。我瞪著那燭光看，聽風雨呼嘯通過，似乎不會有停止的時候，然後眼睛就累了。醒來時發現自己還是安全地躺在蚊帳裡，風雨早已停了，明亮的光線透過窗上那木板的隙縫照在我臉上，很安靜，只有帳外一隻蚊子飛行的嚶嗡，和平常一樣在清晨的微涼中飄忽來去。颱風已經遠遠走了。

—— 改寫自楊牧〈戰火在天外燃燒〉

（1）請在上面的□之後，圈出最適合填入的詞彙。

（2）請整理作者在第一段中觀察到的颱風來臨之前的景象。

風	
動物	
山景	

（3）請問在第二、三段中，作者如何描繪颱風來時的肆虐之景？請找出三句相關的句子。

1.
2.
3.

12.

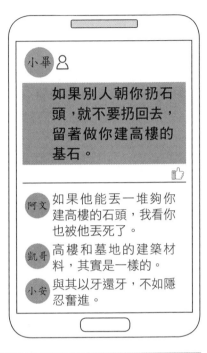

請透過這則貼文及留言,解讀下列四人的想法,以及判斷留言的三人是否同意小畢的看法。

	想　法	是否贊成小畢看法
小畢		
阿文		□贊成 □反對
凱哥		□贊成 □反對
小安		□贊成 □反對

13.

這是某相機使用說明書的一部分：

> 對於以下主體，可能無法成功自動對焦：
> * 與背景色彩相近的主體
> * 自動對焦點同時覆蓋遠近主體
> * 重複的圖案

根據以上說明，這臺相機在相同的設定下，下列哪一個景物最容易自動對焦？請在框框中打 ✓，並且說出其他景物難以對焦的原因。

景物	容易對焦者打 ✓，難以對焦者寫下原因
(A) 雪地上的雪人	
(B) 欄杆後的盆栽	
(C) 沙漠中的綠色仙人掌	
(D) 花色相同的馬賽克磁磚	

14.

| 【甲】 | 【乙】 |

【甲】

衛福部公布 107 年國人十大死因：與十年前相較，癌症與心臟疾病依舊高居死因前兩位，糖尿病、事故傷害、慢性下呼吸道疾病順位不變，肺炎、高血壓性疾病、腎臟疾病順位上升，腦血管疾病、慢性肝病與蓄意自我傷害順位下降。

【乙】

107 年國人死因順位			
順位	死因	順位	死因
1	癌症	7	慢性下呼吸道疾病
2	心臟疾病		
3	肺炎	8	高血壓性疾病
4	腦血管疾病	9	腎臟疾病
5	糖尿病	10	慢性肝病
6	事故傷害	11	蓄意自我傷害

資料來源：衛福部

請根據上述資訊，寫出 97 年時下列疾病的確定或可能順位：

（可能順位須寫出第幾順位以上或以下）

97 年疾病的確定或可能順位			
死因	順位	死因	順位
癌症		慢性下呼吸道疾病	
心臟疾病		高血壓性疾病	
肺炎	第 3 順位以下	腎臟疾病	
腦血管疾病		慢性肝病	
糖尿病		蓄意自我傷害	
事故傷害			

15.

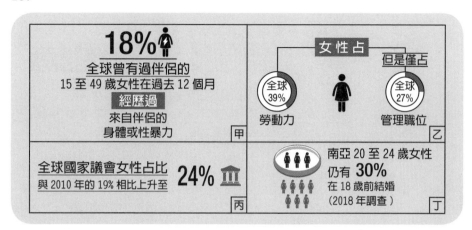

以上是根據聯合國《2019 年永續發展目標報告》製作的圖表，請用你的話，分別詮釋上面四張圖表內涵：

甲	
乙	
丙	
丁	

16.

> 　　秦王與中期爭論，不勝。秦王大怒，中期徐行而去。或❶為中期說秦王曰：「悍❷人也，中期！適❸遇明君故也。向者❹遇桀、紂，必殺之矣。」秦王因不罪。
>
> 【注釋】❶或：有人
> 　　　　❷悍：凶暴不講理，此處指直言無忌
> 　　　　❸適：幸好
> 　　　　❹向者：過去，從前

（1）圈出在本故事中產生互動的主角

（2）請將適當的主詞或受詞填入括號中，也寫出文中代詞所代的人、事、物

> 　　秦王與中期爭論，（　　　　）不勝（　　　　）。秦王大怒，中期徐行而去。或為中期說秦王曰：「悍人也，中期！（　　　　）適遇明君故也。向者遇桀、紂，必殺|之|（　　　　）矣。」秦王因不罪（　　　　）。

（3）請翻譯下列句子：

原句	翻譯
秦王與中期爭論，不勝。	
秦王大怒，中期徐行而去。	

或為<u>中期</u>說<u>秦王</u>曰：「悍人也，<u>中期</u>！	
適遇明君故也。	
向者遇<u>桀</u>、<u>紂</u>，必殺之矣。	
<u>秦王</u>因不罪。	

（4）據本文，秦王對於自己爭論時輸給中期的情緒反應為何？又，秦王最後沒有對中期下手的原因是什麼？

秦王的情緒反應	沒有對中期下手的原因

17.

> 王國維評姜白石詞：「古今詞人格調之高，無如白石。惜不於意境上用力，故覺無言外之味、弦外之響。終不能與於第一流之作者也。」？

（1）王國維如何認爲姜白石的詞各有何優缺點？又，他認爲姜白石在詞界的最終地位如何？請找出相關原文並翻譯。

姜白石詞	原文	翻譯
優點		
缺點		
最終地位		

18.

擷茶以黎明，見日則止❶。用爪斷芽，不以指揉，慮氣汗熏漬❷，茶不鮮潔，故茶工多以新汲水自隨，得芽則投諸水。凡芽如雀舌、穀粒者為鬥品❸，一槍一旗❹為揀芽，一槍二旗又次之，餘斯為下。茶之芽始萌則有白合❺，既擷則有烏蒂❻，白合不去害茶味，烏蒂不去害茶色。

【注釋】❶見日則止：採茶時間以上午 9～11 點為最佳，中午不宜再採，故此時的見日則止指採茶至太陽高掛天空時就應停止
❷熏漬：熏染浸漬
❸鬥品：茶葉的精品
❹一槍一旗：一芽一葉
❺白合：兩葉抱生的茶芽
❻烏蒂：茶芽蒂頭

（1）請問茶農會從何時開始採茶，何時結束採茶時間？請找出相關句子並翻譯。

採茶開始和結束時間	翻譯

（2）請問茶農使茶葉保持鮮潔的方式是什麼？請找出相關句子並翻譯。

使茶葉保持鮮潔的方式	翻譯

（3）請將下列四種茶葉，依照品質最好到最劣進行排序：

(A) 一槍一旗　(B) 一槍二旗　(C) 芽如雀舌、穀粒　(D) 其它

答：

....

....

（4）請問「白合」和「烏蒂」分別會影響到茶的什麼？

答：

....

....

....

....

19.

> 「有覆於上者如天，載於下者如地，而百姓不之知。有恩信及一物，教化及一夫，民則歸之。其猶豐年與旱歲也：豐年之民，不知甘雨柔風之力，不知生育長養之仁，而曰：『我耕作以時，倉廩以實』。旱歲之民，則野枯苗縮，然後決川以灌之。然則一川之仁豈深於四時也哉？」

（1）對於天地的養育之恩，一般人的反應是如何？而對於別人所施予的小小恩德，一般人的反應又是如何？請找出相關原文並翻譯。

	原句	翻譯
對天地養育之恩的反應		
對別人施予小小恩德的反應		

（2）承上，作者將兩種態度並列寫出，形成對比，你覺得這種表述方式有何用意？

答：

20.

> 　　某古典戲曲中有一段唱詞：「俺讀些稗官詞寄牢騷，對江山吃一斗苦松醪❶。小鼓兒顫杖輕敲，寸板兒軟手頻搖。一字字臣忠子孝，一聲聲龍吟虎嘯。快舌尖鋼刀出鞘，響喉嚨轟雷烈炮。呀！似這般冷嘲、熱挑，用不著筆抄、墨描，勸英豪一盤錯帳速勾了。」
>
> 【注釋】❶醪：音ㄌㄠˊ，混含渣滓的濁酒

據此判斷，唱詞中「俺」的職業最可能是下列何者？並請畫下可供判斷的相關句子。

答：

21.

> 　　有道士講經茅山，聽者數百人。有自外入者，大罵曰：「道士奴！天正熱，聚眾造妖何為？」道士起謝❶曰：「居山養徒，資用❷乏，不得不爾。」罵者怒少解，曰：「須錢不難，何至作此！」乃取釜灶杵臼之類，得百餘斤，以少藥❸鍛之，皆為銀，乃去。後數年，道士復見此人從一老道士，鬚髮如雪，騎白驢，此人腰插一驢鞭從其後。道士遙望叩頭，欲從之。此人指老道士，且搖手作驚畏狀，去如飛，少頃即不見。

> 【注釋】❶ 起謝：起身道歉
> 　　　　❷ 資用：資金
> 　　　　❸ 少藥：少許藥物

（1）圈出在本故事中產生互動的主角

（2）請將適當的主詞或受詞填入括號中，也寫出文中代詞所代的人、事、物

> 　　有道士講經茅山，聽者數百人。有自外入者，大罵曰：「道士奴！天正熱，聚眾造妖何為？」道士起謝曰：「居山養徒，資用乏，不得不爾。」罵者怒少解，曰：「須錢不難，何至作此！」（　　　　　）乃取釜灶杵臼之類，得百餘斤，以少藥鍛<u>之</u>（　　　　　），皆為銀，（　　　　　）乃去。後數年，道士復見此人從一老道士，鬚髮如雪，騎白驢，此人腰插一驢鞭從<u>其</u>（　　　　　）後。道士遙望叩頭，欲從<u>之</u>（　　　　　）。此人指老道士，且搖手作驚畏狀，（　　　　　）去如飛，少頃即不見。

（3）請根據本文，用你自己的話整理「自外入者」的相關言行。（請按先後順序）

答：

　　　　　　　　　　　　　　　　　　　　　　　　　　　　　　

　　　　　　　　　　　　　　　　　　　　　　　　　　　　　　

　　　　　　　　　　　　　　　　　　　　　　　　　　　　　　

　　　　　　　　　　　　　　　　　　　　　　　　　　　　　　

　　　　　　　　　　　　　　　　　　　　　　　　　　　　　　

　　　　　　　　　　　　　　　　　　　　　　　　　　　　　　

　　　　　　　　　　　　　　　　　　　　　　　　　　　　　　

22.

> 杲杲❶冬日出，照我屋南隅。負暄❷閉目坐，和氣生肌膚。初似飲醇醪❸，又如蟄者❹蘇❺。外融百骸暢，中適一念無。曠然忘所在，心與虛空俱。
>
> 【注釋】❶杲杲：日光明亮。杲，音ㄍㄠˇ
> 　　　　❷負暄：冬日對著太陽曝曬取暖
> 　　　　❸醇醪：美酒。醪，音ㄌㄠˊ
> 　　　　❹蟄者：冬眠的動物
> 　　　　❺蘇：通「甦」，甦醒

（1）本詩可分成三大部分，分別為：冬日之景、作者所做之事、冬日曬太陽的感受描寫。請將此詩拆解為這三大部分並填入，並請以你自己的話描述該段落詩句重點在描述什麼？

結構	詩句	本段重點
1. 冬日之景		
2. 作者所做之事		
3. 冬日曬太陽的感受描寫		

（2）請統整解釋本詩意涵或作者創作目的。

答：
....
....
....
....
....
....

（3）請問你覺得這首詩應該是哪種詩體？請勾選並寫下你的判斷依據。

詩體	判斷依據
□ 五言律詩 □ 五言古詩	

綜合練習四

1.

> 　　我向默默耕耘者學習等待，也向堅持不懈者學習勇敢；我從高傲的人身上學會了彎腰，也從奢靡的人身上學到了簡樸。

請問「我」能向「默默耕耘者」、「堅持不懈者」、「高傲的人」、「奢靡的人」進行哪些學習？又爲何能向他們進行這種學習？

對象	進行的學習	能學習的原因
默默耕耘者		
堅持不懈者		
高傲的人		
奢靡的人		

2.

> 有些人才，只是放錯了位置，就成了庸才。

請延伸解釋這句話，為何有些人才放錯位置會變庸才？

答：

....

....

....

....

....

3.

> 如果我們以人文關懷角度切入，不難發現囤積者的生命都承受著失落與喪慟。囤積，其實是一種無法割捨的情感阻礙。只有透過囤積，他們以為自己並未失去什麼。所以從這個角度來看，囤積者實際上無法處理的，是關於□□。

根據文意脈絡，空格處填入下列何者最恰當，請勾選並寫明原因。

適合填入的詞語	原因
□ 分離 □ 收納 □ 時間 □ 理想	

4.

> 　　某心理學家讓兩組學生看同一張人像，對第一組說：「他是罪大惡極的罪犯。」對第二組說：「他是一位科學家。」當請學生描述照片中的人時，第一組學生說：「深陷的雙眼顯現出他充滿仇恨，突出的下巴證明他在犯罪道路上頑強的決心。」第二組學生說：「深陷的雙眼顯現出他思想的深度，突出的下巴證明他在科學道路上堅強的鬥志。」

這項實驗設計的目的，最可能在印證什麼事？

答：

5.

> 　　以為攝影捕攫物象而加以複製便是寫實，是忽略了攝影和其他藝術共通的創作元素：主觀的選擇。一旦必須通過人的意識選擇安排而呈現，絕對的客觀便失去了意義。

根據這段話，作者認為攝影是否是絕對客觀的創作？為何他會這麼認為？

攝影是否為 絕對客觀的創作	作者提出此見解之因
□ 是 □ 不是	

6.

> 　　讀書若是□□□□，便把活潑的讀書心性束縛了。窮研細究，把通篇文章分析得支離破碎，結果往往化甘旨為嚼蠟，脫離了意境，『甚解』卻變成撿了芝麻丟西瓜，因小失大。

作者認為讀書不應……	空格處可填入的字

7.

> 　　一架飛機能在空中飛行，實在是件十分奇妙的事：藉著引擎推動令飛機產生前進的速度，機翼因而產生升力承托飛機飛行。然而引擎動力和機翼所能產生的升力有限，機師在起飛及降落時必須注意飛機的性能狀態，以配合機場的天氣與地理環境。如遇上跑道有順風或地面氣溫較高，或機場位於海拔數千呎時，則需要較長的跑道，而飛機的負載量亦要相對減少。以南非約翰尼斯堡機場為例，該機場海拔 5500 呎（約 1676 公尺），空氣較地面稀薄，引擎所能發出的動力較接近海面高度時稍差；夏季時，地面氣溫可高達攝氏 34 度，雖然該機場的跑道有 13000 多呎長，但一架波音747-400 型的飛機，即使用上了最大的起飛引擎動力，也只能負載370 公噸左右的重量，比它的最大負載重量還少了約 20 公噸。
>
> 　　　　　　　　　　　　—— 改寫自馮志亮〈不同跑道環境的挑戰〉

（1）請問一架飛機能在空中飛行，需要哪兩項要素的同時配合？

答：1. ....

　　2. ....

（2）根據本文，請問在哪些狀況底下需要較長跑道，負載量亦需較小？

答：1. ....

　　2. ....

　　3. ....

（3）承上，某飛機將在四個機場停留，右表是各機場在該飛機起飛時的環境狀況。在相同載重條件下，根據本文，這架飛機於哪一座機場起飛時所需的跑道可能最短？並請說明你的推測依據。

機場	地理位置	氣溫（℃）	風向
（A）	高原	15	順風
（B）	高原	35	逆風
（C）	平原	35	順風
（D）	平原	15	逆風

所需跑道最短的機場	原因

8.

所謂的「歷史」，是「過去人類的所有活動」；而所謂的「歷史學」，是「從史料（包括文獻、考古）所能復原過去人類的所有活動」。從各種史料中，不斷進行研究和比較，逐步接近真實，這就是歷史學的本色，也是歷史學家所從事的工作。因為這世上從來無法得到「真實的歷史」，我們所能得到的只有「歷史的真實」。

有人問：「《史記》中那麼多私人對話，太史公是如何得知？」基本上，古人記載事情許多沒有附上出處，但不代表前人所記都是捏造。太史公如何得知前人的對話，因為在他之前的人是這麼記載或傳說的。若不能找到更可靠的證據，那就只能選擇記載下來，頂多寫下可能的疑點，留給後世的史學家再來研究。

歷史學講究「持之有故，言之成理」，從許多《史記》的內容來看，太史公所記都有其根據。有些他根據的史料，今日還能見到，可以驗證這一點。只是太史公時代的書籍，已經有太多亡佚，因此有更多的記事，今天已經無法得知出處為何。我從不認為《史記》上的記載「絕對」可信，但若你不相信古人所記的史事，請拿出更可靠的證據。唯有如此，歷史學才能不斷進步，不致流於虛無的懷疑。

—— 改寫自呂世浩《帝國崛起：一場歷史的思辨之旅2》

（1）請問從文章一開始，作者對「歷史」和「歷史學」下了何種定義？又，作者認為歷史學的本色是什麼？

歷史	
歷史學	
歷史學的本色	

（2）根據作者推測，太史公是如何得知那麼多私人對話，進而引述進《史記》之中？作者又如何做下這個推論？

太史公得知前人對話的可能原因	作者做出這個推論的證據

（3）承上，作者引《史記》為例，最主要想證明什麼論點？（可引用本文回答）

答：

（4）作者認為怎樣才能使歷史學不斷進步？

答：

（5）請根據本文的描述及作者對「歷史」、「歷史學」的定義，去解釋「因為這世上從來無法得到『真實的歷史』，我們所能得到的只有『歷史的真實』」這句話的意涵。

答：

....

....

....

....

....

....

9.

貧瘠的土地可能是富饒的鄉野。

【甲】例如一個我所知道的湖岸，整個白日，你會以為那只是供浪花拍擊的所在，那是船無法泊近的一條黑色緞帶。但是，接近黃昏時，你會看到海鷗飛過一個岬角❶，岬角後一群喧鬧的潛鳥忽然冒出，揭示了一個隱密小灣的存在。你突然衝動地想要上岸，想要踩在那熊果地氈上，去採鳳仙花，去偷摘海濱的野果，或獵一隻松雞。此時又轉念，既然有一個小灣，為何不能有一條游著鱒魚的溪流？於是船向湖岸前進。

【乙】稍後，做晚餐的煙懶洋洋地飄浮在小灣之上，火在低垂的枝條下閃爍不定。這是一塊貧瘠、窮乏的土地，但卻是一片豐饒的鄉野。和對歌劇或油畫的品味一樣，人們對鄉野的品味展現個人不同的審美能力。有些人願意和一群人如牛群般地被趕著去參觀「風景區」，當看到山上有瀑布、峭壁和湖泊，他們便認為這些山十分雄偉壯麗。對這些人而言，堪薩斯平原很單調，他們只看到無邊無際的玉米田，但沒有看到喘著氣的牛隊在草原之海破浪前進。他們認為歷史生長在校園裡，他們注視著低低的地平線，卻無法從犎牛❷的肚皮底下看著地平線。

【丙】鄉野和人一樣，尋常的外觀下常常掩藏著不凡的珍寶，倘使你想發掘這些珍寶，必須在鄉野生活，並且和鄉野一起生活。長著刺柏的山麓丘陵最為乏味無趣，但是，在一群啁啾的冠藍鴉突然躥❸出藍色的身影後，一座歷經一千個夏日、披戴著藍色漿果的古老山丘就變得不一樣了。【丁】當一隻雁從天空向一片單調、無精打采的三月玉米田打招呼時，玉米田便不再單調和無精打采了。

　　　　　　　——改寫自阿爾多·李奧帕德《沙郡年記·鄉野》

【注釋】❶岬角：指陸地向海突出的部分。岬，音ㄐㄧㄚˇ
　　　　❷犎牛：一種背上隆起如駱駝般的野牛。犎，音ㄈㄥ
　　　　❸躥：音ㄘㄨㄢ，向上或向前跳

（1）根據本文，作者爲何認爲「貧瘠的土地可能是富饒的鄉野」？
又，作者認爲怎樣才能挖掘出藏於鄉野的珍寶？

「貧瘠的土地可能是富饒的鄉野」之因	挖掘出藏於鄉野珍寶的方法

（2）請寫出【甲】、【乙】、【丙】、【丁】四個畫線句子所使用
的修辭技巧。

句子	修辭技巧
【甲】例如一個我所知道的湖岸，整個白日，你會以爲那只是供浪花拍擊的所在，那是船無法泊近的一條黑色緞帶	
【乙】稍後，做晚餐的煙懶洋洋地飄浮在小灣之上	
【丙】鄉野和人一樣，尋常的外觀下常常掩藏著不凡的珍寶	
【丁】當一隻雁從天空向一片單調、無精打采的三月玉米田打招呼時，玉米田便不再單調和無精打采了	

10.

> 　　洪七公竹棒一擺，就要上前動手。黃藥師搖頭道：「你適才跟老毒物打了這麼久，雖然說不上筋疲力盡，卻也是大累了一場，黃某豈能撿這個便宜？咱們還是等到正午再比，你好好養力罷。」洪七公雖知他說得有理，但不耐煩再等，堅要立時比武。黃藥師坐在石上，不去睬他。
>
> 　　黃蓉見兩人爭執難決，說道：「爹爹，師父，我倒有個法兒在此。你倆既可立時比武，爹爹又不占便宜。」兩人齊道：「好啊，什麼法兒？」黃蓉道：「你們兩位是多年好友，不論誰勝誰敗，總是傷了和氣。可是今日華山論劍，卻又勢須分出勝敗，比出誰為天下第一，是不是？」
>
> 　　洪、黃二人本就想到此事，這時聽她言語，似乎倒有一個妙法竟可三全其美，既能立時動手，又可不讓黃藥師占便宜，而且還能使兩家不傷和氣，齊問：「你有什麼好主意？」黃蓉道：「是這樣：爹爹先跟郭靖過招，瞧在第幾招上打敗了他，然後師父再與郭靖過招。若是爹爹用九十九招取勝，而師父用了一百招，那就是爹爹勝了。倘若師父只用九十八招，那就是師父勝了。」
>
> 　　洪七公笑道：「妙極，妙極！」黃蓉道：「郭靖先和爹爹比，兩人都是精力充沛，待與師父再比，兩人都是打過了一場，豈不是公平得緊麼？」黃藥師點點頭道：「這法兒不錯。」
>
> 　　　　　　　　　　—— 改寫自金庸《射鵰英雄傳》

（1）請問黃蓉為黃藥師和洪七公想出怎樣的辦法，可幫助兩人決一勝負？

答：

....

....

....

（2）請問這個解決辦法有哪些優點？請提出三個。

1.

2.

3.

11.

以下是柏拉圖知名的「洞穴寓言」，請閱讀並回答下面問題：

> 有個洞穴中有一群人，他們的身子被鍊著，無法轉向，只能面向洞穴的內壁。他們無法看見身旁每一個人，亦無法看見身後的洞口。洞穴裡唯一的光源是一堆營火。有一道遮蔽物擋在這群人與營火之間，遮蔽物後有人高舉著人類和動物雕像來來往往。那些被鍊著的人看不見雕像，只能在內壁看到遮蔽物後雕像的影子，且這些黑影配合洞穴裡的回音舞動。對那些被鍊著的人來說，這些影子是真實的事物。他們無事可做，只能談論這些影子。
>
> 如果被鍊著的人中有一人被釋放，得以起身走出洞穴。陽光會讓這個人感到極大的痛苦，因為他只習慣於黑暗。等他習慣了光線，看見遮蔽物後真正發生的事情，他就能發現真相，得到啟蒙。
>
> 當這個人再回到洞內，試著告訴其他人外界的真相，其他人卻很可能無法理解並認為這個人是瘋狂的。就算這個人將他們釋放，想拉他們走出洞穴，他們依然只願相信內壁上的影子才是真實，甚至可能將這個人殺死。

（1）假設右圖是寓言中所指的洞穴，則根據寓言的內容，甲、乙、丙三處最可能是下列何者？（參考答案：被鍊著的人／營火／舉雕像的人）

【甲】⋯⋯⋯⋯⋯⋯⋯⋯⋯⋯⋯⋯⋯⋯

【乙】⋯⋯⋯⋯⋯⋯⋯⋯⋯⋯⋯⋯⋯⋯

【丙】⋯⋯⋯⋯⋯⋯⋯⋯⋯⋯⋯⋯⋯⋯

（2）你覺得在這個寓言中，「這個走出洞穴後再回到洞內的人」最有可能象徵何種人？

答：⋯⋯⋯⋯⋯⋯⋯⋯⋯⋯⋯⋯⋯⋯⋯⋯⋯⋯⋯⋯⋯⋯⋯⋯⋯⋯⋯⋯

⋯⋯⋯⋯⋯⋯⋯⋯⋯⋯⋯⋯⋯⋯⋯⋯⋯⋯⋯⋯⋯⋯⋯⋯⋯⋯⋯⋯⋯⋯⋯

⋯⋯⋯⋯⋯⋯⋯⋯⋯⋯⋯⋯⋯⋯⋯⋯⋯⋯⋯⋯⋯⋯⋯⋯⋯⋯⋯⋯⋯⋯⋯

⋯⋯⋯⋯⋯⋯⋯⋯⋯⋯⋯⋯⋯⋯⋯⋯⋯⋯⋯⋯⋯⋯⋯⋯⋯⋯⋯⋯⋯⋯⋯

（3）根據這則寓言，你覺得柏拉圖想表達什麼？

答：⋯⋯⋯⋯⋯⋯⋯⋯⋯⋯⋯⋯⋯⋯⋯⋯⋯⋯⋯⋯⋯⋯⋯⋯⋯⋯⋯⋯

⋯⋯⋯⋯⋯⋯⋯⋯⋯⋯⋯⋯⋯⋯⋯⋯⋯⋯⋯⋯⋯⋯⋯⋯⋯⋯⋯⋯⋯⋯⋯

⋯⋯⋯⋯⋯⋯⋯⋯⋯⋯⋯⋯⋯⋯⋯⋯⋯⋯⋯⋯⋯⋯⋯⋯⋯⋯⋯⋯⋯⋯⋯

⋯⋯⋯⋯⋯⋯⋯⋯⋯⋯⋯⋯⋯⋯⋯⋯⋯⋯⋯⋯⋯⋯⋯⋯⋯⋯⋯⋯⋯⋯⋯

12.

> 宋朝根據房門的位置來確定座次貴賤。面向房門的座位最尊貴，若無長輩就讓它空著。長輩左手的那邊是主人位，右手邊是客人位，長輩對面是副陪的位置，坐在那裡方便傳菜斟酒。

小秦到朋友大蘇家作客，爸爸老蘇和弟弟小蘇同席。請根據上述訊息，寫下小秦、大蘇、老蘇和小蘇四人應各自坐在哪個位置上？

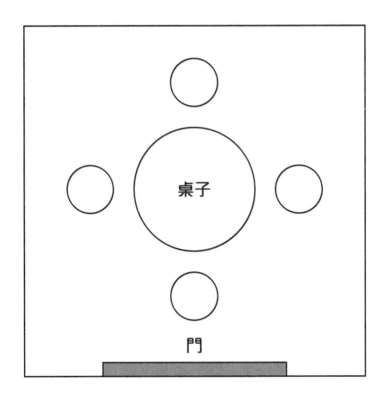

13.

網路新聞查核案件

海龜被魚線纏繞
海豹抱著牠助脫困

　　一隻海龜在夏威夷海岸被漁線纏住，幸好一隻海豹發現，牠從後面抱著海龜，試著用嘴巴協助海龜解開束縛，這溫馨的過程被攝影師貝亞特即時捕捉。

查核結果

　　以上報導引起廣泛的關注，然而，攝影師貝亞特出面澄清：剪斷海龜頭部釣魚線的並非是海豹，而是攝影師團隊。海龜遭到釣魚線纏繞掙脫的動作吸引了海豹，而海豹不是為了救援，才抱著海龜。再從翻譯的內容來看，貝亞特的部落格原文描述海豹的「擁抱」是「騷擾」的不當行為，但是，臺灣新聞媒體卻忽略及美化了該行為，也捏造原文並未描述的事實。

媒體新聞查核分類表

諷刺	純粹以諷刺趣味性為理由，無意造成傷害的諷刺性文章。
誤導	資訊錯誤使用，以形塑某個人物或事件的樣貌。
刻意操弄	帶有欺騙的報導，為特定政治目的或經濟利益而刻意操弄的訊息。
斷章取義	擷取受訪者的某個句子或段落，並放大檢視。

（1）根據查核結果，攝影師貝亞特出面澄清哪兩件事？請找出並說明。

答：1.

　　2.

（2）根據媒體新聞查核分類表，此網路新聞報導的問題可能屬於哪一類？請寫下並說明你判斷的依據。

問題類型	判斷依據

14. [10]

請閱讀以下海報，並回答下列問題：

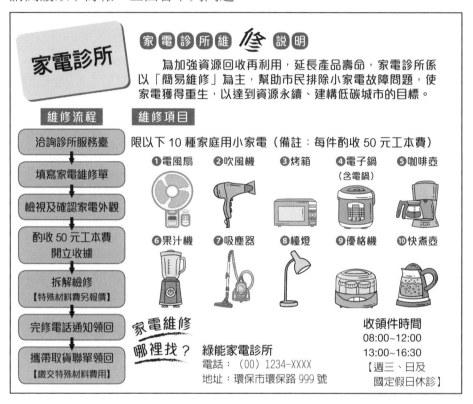

家電診所維**修**說明

為加強資源回收再利用，延長產品壽命，家電診所係以「簡易維修」為主，幫助市民排除小家電故障問題，使家電獲得重生，以達到資源永續、建構低碳城市的目標。

維修流程

洽詢診所服務臺

↓

填寫家電維修單

↓

檢視及確認家電外觀

↓

酌收 50 元工本費
開立收據

↓

拆解檢修
【特殊材料費另報價】

↓

完修電話通知領回

↓

攜帶取貨聯單領回
【繳交特殊材料費用】

維修項目

限以下 10 種家庭用小家電（備註：每件酌收 50 元工本費）

❶電風扇　❷吹風機　❸烤箱　❹電子鍋（含電鍋）　❺咖啡壺

❻果汁機　❼吸塵器　❽檯燈　❾優格機　❿快煮壺

家電維修
哪裡找？ 綠能家電診所
電話：（00）1234-XXXX
地址：環保市環保路 999 號

收領件時間
08:00~12:00
13:00~16:30
【週三、日及
國定假日休診】

⑩ 本題圖片及文字皆有調整，原始題型呈現請參考國中教育會考網站
「歷屆試題—國文科（111 年題組二）」，資料來源：https://cap.rcpet.edu.tw/examination.html

（1）根據這張海報，請勾選出下列關於綠能家電診所維修內容最恰當的敘述，並寫出其他選項不恰當之處。

維修內容相關敘述	請勾選最恰當的，並寫出其他選項不恰當處
（A）可電話預約時間，專人到府收件	
（B）維修費用依家電的大小而有不同	
（C）只要維修合於規定的家電，都需繳交工本費	
（D）領件時若未攜帶取貨聯單，可以維修單代替	

（2）下列四人聲稱曾到綠能家電診所送修電器，但其實只有一人去過。請你根據他們的描述，判斷哪個人才是真正去過的人，並指出其他人說錯的地方。

描述內容	請勾選敘述正確的，並寫出其他人說錯的地方
小強：週一 14：00 送修烘碗機，週四 09：00 就拿到了	
小顏：週三 10：00 送修咖啡壺，週五 13：00 就領件了	
小燕：週六 16：00 送修電子鍋，接到通知後憑取貨聯單領回	
小龍：週二 08：00 送修吸塵器，先繳交 50 元特殊材料費才能檢修	

15.

古之治天下，朝有進善之旌❶，誹謗之木❷，所以通治道❸而來❹諫者。今法有誹謗妖言之罪，是使眾臣不敢盡情，而上無由聞過失也。將何以來遠方之賢良？其❺除之。

【注釋】❶ 進善之旌：象徵進納善言的旗子
　　　　❷ 誹謗之木：相傳堯時立木牌於橋邊，供人書寫諫言。後世因於宮外立木，任人書寫政治得失
　　　　❸ 治道：治國的方法
　　　　❹ 來：通「徠」，招徠
　　　　❺ 其：應該，表示期望

（1）古代朝堂上會設立什麼？設立這個有什麼好處？請找出相關句子並翻譯。

朝堂上設立之物及益處	翻譯

（2）本句是向君主建議何者會危害國家？其危害又是什麼？請找出相關句子並翻譯。

危害國家之事物及其危害	翻譯

16.

> 「必備匙箸兩副，食前多品。擇取欲食者，以別箸取之，置一器中，食之必盡。飯前以別匙分而另置，始膳。吳后嘗問其故，曰：『不欲以殘食與宮人食也。』」

（1）這段文字記載宋高宗的用膳習慣，請找出描述宋高宗的用膳習慣之句並翻譯。

原文	翻譯

（2）請問宋高宗爲何會有此用膳習慣？請找出相關原文並翻譯。

原文	翻譯

17.

> 粥之既熟，水米成交，猶米之釀而爲酒矣。慮其太厚而入水於粥，猶入水於酒也，水入而酒成糟粕，其味尚可咀乎？故熬前挹水必限以數，使其勺不能增，滴無可減。

（1）根據本段文字，請問作者覺得怎樣才能熬出風味最好的粥？請找出相關句子並翻譯。

原文	翻譯

18.

> 　　往歲士人多尚對偶為文，<u>穆脩</u>、<u>張景</u>輩始為平文，當時謂之古文。<u>穆</u>、<u>張</u>嘗同造朝，適見有奔馬踐死一犬，二人各記其事。<u>穆脩</u>曰：「馬逸，有黃犬遇蹄而斃。」<u>張景</u>曰：「有犬死奔馬之下。」時文體新變，二人之語皆拙澀，當時已謂之工，傳之至今。

（1）在本文中，「往歲士人」和穆脩、張景寫的文章有何區別？

往歲士人	
穆脩、張景	

（2）根據文章所述，穆脩、張景同樣見到「奔馬踐死一犬」之事，然兩人敘事角度有何不同？

	敘事角度
穆脩	
張景	

（3）請問穆脩、張景之文能流傳下來的主要意義是什麼？請找出相關文句並翻譯。

相關文句	翻譯

19.

【甲】

　　司馬昭專權，帝欲殺之，反為<u>賈充</u>、<u>成濟</u>所害。<u>昭</u>入殿中，召群臣會議。尚書左僕射<u>陳泰</u>不至，<u>昭</u>使其舅尚書<u>荀顗</u>召之，<u>泰</u>曰：「世之論者以<u>泰</u>方於舅，今舅不如<u>泰</u>也。」子弟內外咸共逼之，乃入，見<u>昭</u>，悲慟，<u>昭</u>亦對之泣曰：「卿何以處我？」<u>泰</u>曰：「獨有斬<u>賈充</u>，少可以謝天下耳。」<u>昭</u>久之曰：「卿更思其次。」<u>泰</u>曰：「惟有進於此，不知其次。」<u>昭</u>乃不復更言。

　　　　　　　　　　　　──改寫自《資治通鑑・魏紀九》

【乙】

　　帝崩，內外喧譁。<u>司馬昭</u>問<u>陳泰</u>曰：「何以靜之？」<u>泰</u>云：「唯殺<u>賈充</u>以謝天下。」<u>昭</u>曰：「可復下此否？」對曰：「但見其上，未見其下。」

　　　　　　　　　　　　──改寫自《世說新語・方正》

（1）此兩文所描述乃同一事件，請用你自己的話闡述本事件。

答：

（2）根據甲篇內容，可推測乙篇陳泰所言「但見其上，未見其下」的涵義最有可能是什麼意思？

答：

20.

> 　　王起主文柄❶，欲以白敏中為狀元，病其與賀拔惎為友。惎有文而落拓❷。乃密令門人申意，俾❸敏中與惎絕。門人復約敏中，具以告之。敏中曰：「皆如所教。」既而惎果造門，左右欺以敏中他適❹，惎遲留❺不言而去。俄頃，敏中躍出，連呼左右召惎，悉以實告，曰：「一第何患不致，奈輕負至交！」相與歡醉。門人睹之，大怒而去。懇告於起，且云不可必❻矣。起曰：「我原只得白敏中，今當更取賀拔惎矣。」
>
> 　　　　　　　　　　　　　　　　　　　　──改寫自《唐摭言》

【注釋】❶ 主文柄：主持科舉考試
　　　　❷ 落拓：行跡放任，不受拘束
　　　　❸ 俾：ㄅㄧˋ，使
　　　　❹ 他適：去到別的地方
　　　　❺ 遲留：等了很久
　　　　❻ 不可必：不一定要（錄取白敏中）

（1）圈出在本故事中產生互動的主角

（2）請將適當的主詞或受詞填入括號中，也寫出文中代詞所代的人、事、物

　　　王起主文柄，欲以白敏中為狀元，（　　　　　）病其（　　　　　）與賀拔惎為友。惎有文而落拓。（　　　　）乃密令門人申意，俾敏中與惎絕。門人復約敏中，具以告之（　　　　　）。敏中曰：「皆如（　　　　　）所教。」既而惎果造門，左右欺（　　　　　）以敏中他適，惎遲留不言而去。俄頃，敏中躍出，連呼左右召惎，（　　　　　）悉以實告（　　　　），（　　　　　）曰：「（　　　　）一第何患不致，奈輕負至交！」（　　　　）相與（　　　　）歡醉。門人睹之（　　　　），大怒而去。（　　　　）懇告於起，且云（　　　　）不可必矣。起曰：「我原只得白敏中，今當更取賀拔惎矣。」

（3）請翻譯下列各句：

原句	翻譯
王起主文柄，欲以白敏中為狀元，病其與賀拔惎為友	
惎有文而落拓	

乃密令門人申意，俾敏中與綦絕。門人復約敏中，具以告之	
敏中曰：「皆如所教。」既而綦果造門，左右欺以敏中他適，綦遲留不言而去	
俄頃，敏中躍出，連呼左右召綦，悉以實告，曰：「一第何患不致，奈輕負至交！」相與歡醉	
門人睹之，大怒而去。懇告於起，且云不可必矣	
起曰：「我原只得白敏中，今當更取賀拔綦矣。」	

（4）請問王起最後為何說：「我原只得白敏中，今當更取賀拔綦矣。」？

答：

....

....

....

....

21.

【甲】

　　文帝時，莢錢❶益多，輕，乃更鑄四銖錢，上鑄「半兩」字樣，民亦得自鑄錢。故吳王就山鑄錢，富等天子，其後以此叛逆。又有大夫鄧通者，亦以鑄錢富甲天下。故吳、鄧氏錢布天下，而後乃生鑄錢之禁。

　　　　　　　　　　　　　　　　——改寫自《史記·平準書》

【乙】

　　漢文帝時，鄧通得賜蜀銅山，聽得鑄錢，形制文字重量，皆與天子四銖錢同。時吳王亦有銅山鑄錢，故有吳錢，微重，形制文字，與天子錢不異。

　　　　　　　　　　　　　　　　——改寫自《西京雜記》

【注釋】❶莢錢：西漢初年所鑄銅錢，形如榆莢，故名

（1）請根據甲、乙文推論，漢文帝時「四銖錢」、「吳錢」和「鄧通錢」的錢幣重量依序為何？（可用「>」、「＝」、「<」等符號標示）

答：

（2）請問漢文帝時為何除了官方的「四銖錢」外，還有「吳錢」和「鄧通錢」這兩種錢幣？後來又為何生出「鑄錢之禁」？

另有「吳錢」和「鄧通錢」之因	後來禁鑄錢之因

22.

> 野火燎荒原，霜雪日皜皜❶。牛羊無可噍❷，眾綠就枯槁。天地心不泯，根芽蟄深杳❸。春風一披拂，顏色還媚好。如何被兵地，黎庶不自保。高門先破碎，大屋例傾倒。間或遇茅舍，呻吟遺稚老。常恐馬蹄響，無罪被擒討。逃奔深谷中，又懼虎狼咬。一朝稍甦息，追胥❹復紛擾。人生值艱難，不如路傍草。
>
> —— 改寫自方回〈路傍草〉

【注釋】❶皜皜：潔白貌。皜，音ㄏㄠˋ
　　　　❷噍：音ㄐㄧㄠˋ，嚼
　　　　❸蟄深杳：蟄，伏藏。深杳，很深
　　　　❹追胥：催徵賦稅的小吏

（1）本詩可分成三大部分，分別爲：大地之景、現實人間的艱困、作者心得。請將此詩拆解爲這三大部分並填入，並請以你自己的話解釋該部分重點爲何。

結構	詩句	本段重點
1. 大地之景		
2. 現實人間的艱困		
3. 作者心得		

（2）請統整解釋本詩意涵或作者創作目的。

答：

（3）請以第三部分作者心得回推：為何作者在書寫現實困境之前，要先描寫大地之景？

答：

參

結論

結論

　　各位讀者，如果你順利完成書裡的每個部分的練習，來到最後的結論，我想你已經擁有了和閱讀此書之前截然不同的能力。（如果你還沒有完成就請你回到前面的題庫中去好好練習，學習沒有捷徑，思考的技巧還是要透過反覆演練才能習得喔！）

　　本書所教授的，是一個擁有閱讀理解能力的人如何閱讀、思考及理解的技巧，然而僅擁有這些閱讀理解能力，是否就能讓你擁有全世界？恐怕還不足，這就像在游泳池裡學會游泳技巧後，你還是得到書海裡去持續練習，你的閱讀理解技能才會越來越好。

　　我在教導孩子閱讀理解的過程中，聽到讓我最感動的家長反饋通常不是：「老師，我的孩子比較會抓重點！」、「老師，我的孩子成績變好了！」而是「老師，我的孩子比較愛看書了！他現在會開始拿起以前幾乎不曾拿起的很多字的故事書看，也喜歡自己閱讀了，我覺得很棒！」我也覺得很棒。其實閱讀理解教了這麼久，這才是我最期待的結果。

　　後來我常跟別人說：「大家都誤會了，其實閱讀是一件門檻很高的事，不但要孩子會識字，還要能抓到重點、會思考，才有辦法真正理解文意。而要真的理解文字或故事內涵，這項活動才會變得有趣。所以，一個閱讀理解能力不夠好的人不愛看書是正常的，就像一個運動細胞不夠好的人就會排斥運動，這都是一樣的道理。」所以，我訓練孩子閱讀理解能力的目標除了讓孩子找回自己的學習自信、學會思考技巧之外，我更渴望良好的閱讀理解能力像把鑰匙，能開啟孩子的學習之路，靠自己的能力悠遊於書海，乃至知識的領域中，為自己的

人生尋求更好的方向。

本書雖以會考為起點，然而卻並非以會考為終點。我常說，一個閱讀理解能力好的人，一個有閱讀素養的人，在會考、學測、指考這種大型考試之中取得不錯的成績不過是剛好而已，然而人生最困難且最重要的考試卻並非這些看來會影響孩子許多的大考中，而是「人生」。

人生，本就是最困難的一場考試，用方方面面的測試去考驗我們的智慧、評量我們的心智。有智慧者，人生才可能求得圓滿順暢；智慧不足者，就算功成名就也可能隨時化為烏有，人生一敗塗地。我們人生的考驗，難道只在於這一兩場的大型考試中嗎？絕對不只。我常認為，比起「人生」這場考試，那些會考、學測、指考之類的，根本無足輕重。

所幸面對「人生」這場考試，還有許多「書籍」可翻閱，可能在一本書裡、可能在一個電影裡、可能在和朋友的一場對話裡，也可能在一個長者的一席話中，更可能在我們所經歷的錯誤之上，端看我們能不能去「掌握訊息」、「閱讀思考理解」，去取得一個好的答案，再將所學運用於我們的生活之中，為自己解決諸多生命的困境。

我從小就是個很會讀書考試的人，然而直到大學之時，才在做報告的挫折裡發現自己不過是個「很會考試的人」，並非真正的「善讀書者」。而從前的 12 年的學習生涯早就過去，我徒然白費了那麼多日子，甚至好書也沒多讀幾本，覺得非常可惜。幸好我天生是個長於思考的人，自小有遇事多深思的習慣，彌補了自己閱讀量的不足。

然而，讀不多亦無妨，人生有時精選幾本好書細細地讀也比囫圇吞棗好。無論你過去讀書的樣態如何，希望你往後人生在進行任何閱讀時，抓重點、提取關鍵、多深思，就是一本書也能讀成十本書的功

效。或者遇到有諸多大小疑問時懂得從他人的知識中去尋找答案，解決自己人生的問題，擁有這些思考技能，才是你人生最珍貴的寶物。

　　這本書，想訓練你的是一種思考技巧和習慣，習得這種思考習慣後，也請放到自己的人生裡吧！生命的困頓很多，在不同階段，也在不同面向之上。但請記住，遇到困頓時不要往問題裡鑽，請想方設法探求問題的根源並尋找解方。探求問題根源的能力在思考能力上，而在現在這個知識爆炸的時代，解方可能在書籍裡、在網路上，在許多可能的媒介裡。請去閱讀，並思考，為自己的人生尋找可能的答案，才是真正的「閱讀素養」。

附錄

評量指引

問答題型對學生而言是很好的訓練，但這種訓練方式難以普及的原因之一（甚至也可說是主要原因）就是**評量困難**。這也是長久以來，選擇題型在許多考試中會大量被使用的原因，因為答題和批閱都會容易許多。然而許多歐美國家的重要評量也會採用問答題型的評量方式，那他們究竟是如何批閱的呢？其中最為我們熟知的，應該就是ABCDE 這種等第式的評量法。

其實在台灣也有類似的評量指標，例如在我國「十二年國教課綱國民中小學素養導向標準本位評量計畫」（SBASA）中，就有設計針對各學習領域的評量標準。以國語文領域來說，就分有「閱讀」、「寫作」、「聆聽」、「口語表達」等四大項，羅列 ABCDE 各等第之表現及範例，可作為老師們實施這種素養導向式的評量時的評分參考依據。我已使用多年，也推薦使用素養導向教材教法的老師可善用此評量標準。

因喜閱樹的閱讀與理解課程已發展超過四年以上，我們在這套評量標準之上研發出自己的評量規準，甚好使用，因此也將此評量標準分享給各位參考。

◱ 評量標準設計依據

在教育部的十二年國教課綱「國民中小學素養導向標準本位評量計畫」（SBASA）中，將國語文領域分為「閱讀」、「寫作」、「聆聽」、「口語表達」等四大項，雖評量項目精細，卻與我們讀寫結合的訓練形式無法完美融合。因此我們取其評分原則，**再加上閱讀三歷程：擷取檢索、統整解釋、省思評鑑的歸類法**，再加上「**閱讀理解**」和「**表**

述能力」兩項指標，分爲 ABCDE 五等第，其評量標準大致如下：

▐ 「閱讀理解與表述能力」評量標準

	閱讀與理解
擷取與檢索	A：能完整提取正確而重要的訊息 B：僅能提取部分正確的訊息，或者在表述上有詞不達意的狀況 C：未能答題、答題內容和該問題毫無關聯，言不及義者
統整與解釋	A：能根據主要訊息，對該問題提出完整而正確的統整解釋及表述 B：能根據主要訊息，對該問題提出正確的統整解釋，但表述不夠明確完整 C：能根據相關訊息，對該問題提出大致的統整解釋，但表述內容不夠明確或完整 D：僅能根據部分訊息，對該問題提出有限的統整解釋，表述內容也不夠明確完整 E：未能答題、答題內容和該問題關聯甚小或毫無關聯、言不及義者
省思與評鑑	A：能根據本文本意涵、寫作手法、章法結構及取材方向等面向，提出深入的省思與評鑑，並進行完整表述 B：能根據本文本意涵、寫作手法、章法結構及取材方向等面向，提出完整的省思與評鑑，但表述內容較為簡潔 C：大致能根據本文本意涵、寫作手法、章法結構及取材方向等面向，提出基本的省思與評鑑，其表述內容也不夠完整 D：僅能根據本文本部份意涵、寫作手法、章法結構及取材方向等面向，提出粗略的省思與評鑑，其表述內容也不夠完整 E：未能答題、答題內容和該問題關聯甚小或毫無關聯、言不及義者

◼ 評量標準原則及評量方式

　　上述的評量方式有三等第評分法及五等第評分法，對於**有相對標準答案**的擷取檢索題，使用**三等第評分法**去衡量學生答案的精確程度。關鍵訊息全部具足者為 A，部分具足者為 B，未答題或離題甚遠者為 C，這樣的評量方式也可用於團體討論時，老師直接用 2 分、1分及 0 分去快速衡量學生的答案並給予回饋。

　　然而如果用在**紙筆的批閱**上，尤其在「統整與解釋」、「省思與評鑑」等更複雜的題型時，老師可再依照學生答題文敘述的完整及精確程度做**五等第的批閱**，其評量原則大致如下：

A：對該問題能提取主要訊息進行**完整的**統整解釋、省思評鑑，且**完整表述**者為 A 等第之答案，其理解及表述的完整和精確程度至少有 90% 以上。

B：對該問題能提取主要訊息進行**正確的**統整解釋、省思評鑑，但**表述較為簡潔**為 B 等第之答案，其理解及表述的完整和精確程度約在 70 ～ 80% 之間。

C：對該問題能**根據相關訊息**，提出**大致的**統整解釋、省思評鑑，但**表述內容不夠明確或完整**為 C 等第之答案，其理解及表述的完整和精確程度約在 50 ～ 60% 之間。

D：對該問題僅能根據部分訊息，提出**有限的**統整解釋，**表述內容也不夠明確完整**為 D 等第之答案，其理解及表述的完整和精確程度約在 30 ～ 40% 之間。

E：未能答題、答題內容和該問題關聯甚小或毫無關聯，未及 D 等第者，為 E 等第之答案。

　　因此，評量者在評量學生該題答案時，**須掌握該題 A 等第最完整而精確的答案**，找出關鍵詞或關鍵概念有哪些，**再評估學生作答的答案精確度及完整度**，即可大致為學生該題的答案給出等第分數。例如下題：

> 　　「世間有思想的人應當先想到事情的終局，隨後著手去做。」請問這句話是什麼意思？

　　此題的評量方式可如下表：

等第	參考答案	評量標準
A	有思想的人在做任何事情之前，會先思考各種可能方式，以及各種方式對應的結果，心裡有明確的規劃後再去執行。	此回答同時囊括「有思想的人」、「想到事情的終局」、「著手去做」等關鍵概念，並將「想到事情的終局」、「著手去做」兩者之間的「先後」關係明確表述出，其闡述之句義精確完整，才算是 A 等第之答案。
B	有思想的人會先評估事情的終局再去執行。	此回答同時囊括「有思想的人」、「想到事情的終局」、「著手去做」等關鍵概念，對於關鍵詞彙的「先後」關係也有明確表述出，然而回答過於簡潔，故為 B 等第之答案。

C	有思想的人會先評估事情的終局再決定是否去執行。	此回答同時囊括「有思想的人」、「想到事情的終局」、「著手去做」等關鍵概念，但「想到事情的終局」、「著手去做」兩詞彙應為「先後」關係（也就是想過後必然要去尋找較好的方式執行），**而非以「事情的終局」作為是否「執行」的標準**，這個解釋對於兩詞彙的關係解釋有些誤差，故為 C 等第之答案。
D	有思想的人會先評估事情的終局。	此回答僅有「有思想的人」、「想到事情的終局」這兩個關鍵概念，缺乏「著手去做」，也沒有將兩詞彙的「先後」關係闡述完整，故為 D 等第之答案。
E	做事情要有耐心。	此回答缺乏「有思想的人」、「想到事情的終局」這兩個關鍵概念，又延伸出毫無關聯的「耐心」此一概念，對本句話的理解偏誤極大，故為 E 等第之答案。

　　據此標準，老師須先分析清楚該題目中的關鍵詞彙或關鍵概念有哪些，詞彙和概念間的關係又為何，再依此評估孩子的理解及表述精確度到達哪種等第，再給予評分。

　　這種評量方式最大的好處，就是可同時評估孩子在閱讀理解和表述能力，且直接訓練孩子的讀寫能力。孩子們在熟習這套評量標準後，常常會為了得到更高等第而嘗試將自己的想法用更完整精確的方式表達出來，這便是完整的讀寫訓練。如果孩子有所不足處，也可**稍微提醒孩子們不足之處在哪裡**，並將答案用不同顏色的筆補上，並依

孩子補正後的答案為其評分，其效果將更加顯著。

在這種多元評量中，究竟要使用三等第和五等第的方式，應視教師的教學目標來決定。例如：在口頭討論，教師直接回饋時，可以用 0 分（完全無關的回答）、1 分（部分正確的回答）、2 分（完全正確的回答）的方式來進行評量，可以初步評估孩子是否已理解；而學習單批閱可加入五等第的評量，讓孩子練習用更完整的文字來表達自己的想法，而不是寫上答案就好。讓這種多元的評量機制協助您在教學或批閱的過程中協助孩子完成其學習目標，才是此評量的根本目的。

◼ 注意事項

此評量方式有三個批閱事項須注意：

1. 不要被「對」、「錯」觀念綁死

在傳統題型中，評量者太習慣「對」、「錯」這樣的概念，因此會糾結在許多小誤差中。然而這種問答題不是全錯或全對，而是**肯定其正確處，糾正其錯誤處**。因此，請以答案的精準完整程度去給予孩子 ABCDE 的等第分數，而非「對」或「錯」這種二元的評量標準去進行思考。

2. 不要被「參考答案」給綁死

本書所提供的僅為「參考答案」，然而老師若要活用本書在班級教學中，會發現問答題能引發學生的「多元答案」，這是一件非常好的事。老師或家長們不妨陪著孩子一同去思辨這個答案的精確程度去給予評分。例如在 109 年的短句題目：「讀完一千本書的價值，

並不多於犁過千片田地；能夠對一幅畫作出適當的描寫，其價值並不多於找出一輛故障摩托車的毛病。」若要對這句話進行詮釋，那將「讀完一千本書的價值」、「能夠對一幅畫作出適當的描寫」此兩個關鍵概念統整為「經營藝文生活」或「勞心者」皆可；而「犁過千片田地」、「找出一輛故障摩托車的毛病」此兩個關鍵概念統整為「體驗實際生活」或「勞力者」皆可，因此本句話可以詮釋為「經營藝文生活的價值不多於體驗實際生活」或者「勞力者的價值不遜於勞心者」。既為問答題，**孩子如果能拆解字面意思適度詮釋，言之成理者，即須給予相應的評分。**

3. 不要被學生「覺得如何」或似是而非的觀念牽著走

在這種問答題中，孩子會給出非常多不同的答案。其中有許多孩子會給出「我認為正確」的，而非按照文本去進行解讀。然而閱讀理解的訓練便是「讀懂」他人所言，因此我們還是要不斷請孩子們回到文本，透過文本尋找相關訊息來做解釋，而非依照「我覺得……」、「我認為……」、「本來就是……」等主觀想法來做解釋。我們可依文本反駁或糾正其論點，但也須依照其偏離文本的狀況來做出評判，這可回到上面的「**肯定其正確處，糾正其錯誤處**」此原則來作回應，切勿與孩子進行對錯之爭。

綜合練習一

1.

參考答案

作者認爲，藏書室中的許多書籍，就像是一個個充滿作者靈魂的存在，但沒有人來翻閱時，它們只是靜靜沉睡於此。當讀者走進藏書室，翻開書本，作者所灌注其中的靈魂也就能從沉睡中甦醒，與讀者進行交流。

解題思維

關鍵詞彙：藏書室、迷睡靈魂、呼叫、甦醒

思考重點：本題目已有引導，本句話的重點在於清楚解釋爲何「藏書室」裡藏有許多「迷睡靈魂」？這些「迷睡靈魂」有何象徵意涵？以及「迷睡靈魂」經人們「呼叫」就會「甦醒」之因。

2.

參考答案

根據賀詞中提到「沒有你的那 30 年有點孤獨」，可以推論出高橋汽車成立的時間比山田汽車早了 30 年。因此，如果山田汽車成立於 1916 年，那麼高橋汽車可能成立於 1886 年左右。

3.

參考答案

最貴重的東西可能是	做此推測的原因
他的尊嚴	題幹中提到「觀眾可把石子丟在他身上取樂」，顯現莎士比亞在擔任喜劇演員時地位之卑微與不受尊重，也讓他慨嘆，如此穿上彩衣受人取樂的行徑是在「割裂自己的思想」，因此可以推測，他覺得被廉價出售的，是自己生而爲人最貴重的「尊嚴」。

解題思維

關鍵句子：

· 觀眾可把石子丟在他身上取樂。

· 讓自己在世人面前穿上彩衣，割裂自己的思想，廉價出賣最貴重的東西。

思考重點：思考讓觀眾把石子丟在他身上取樂，在世人面前穿上彩衣這樣的行爲是在出賣什麼，自己失去的又是什麼？

4.

📝參考答案

職場有形資產	職場無形資產
1. 學經歷	1. 良好態度
2. 證照	2. 人際關係
優先給有證照者面試機會之公司比例	**優先給有證照者面試機會之原因**
六成四	證照是最能量化專業能力的職場有形資產，也較易作為客觀的評估工具。

📝解題思維

關鍵詞彙：證照

關鍵句子：

· 證照是除了學經歷以外，最能量化專業能力的職場有形資產。

· 據調查，六成四的企業會給擁有職務相關證照者優先面試的機會。

思考重點：本段首句在說明「證照」的主要意義，末句在說明企業對於具有相關證照者的態度，故本段文字主要在說明「證照」的功能和意義。

5.

📝參考答案

1. 他們同樣體型瘦小。

2. 他們同樣耐力驚人。

3. 他們都具有生存在鮮有人造訪的高海拔地區的卓越能力。

📝解題思維

關鍵詞彙：巴提族人、雪巴族人

關鍵句子：他們體型瘦小、耐力驚人，具有生存在鮮有人造訪的高海拔地區的卓越能力，這些都不免讓人聯想起巴提族在東邊的遠親——尼泊爾的雪巴族。

思考重點：本段文字是典型的說明文，以介紹巴提族人為主幹，再聯想起他們的遠親—雪巴族人，而這種聯想便同時比較著巴提族人和雪巴族人的異同，而本文題目著重相似處，故尋找出相似處的關鍵句即可。

6.

📝參考答案

這段文字在說明臺灣原住民的傳統服裝如何受到漢人和日本人的影響而改變。傳統的臺灣原住民服裝僅有形制的區別，服飾上諸多特色都是在與漢人、日本人交流的過程中才逐漸加入，這些變化反映了臺灣歷史上不同族群文化之間的交流和融合。

🔍**解題思維**

關鍵詞彙：臺灣原住民、服裝、漢人、日本、影響

關鍵句子：

‧ 臺灣原住民的布只有形制屬傳統或較現代的分別，像圓領的剪裁、鈕扣和棉布的使用
等，都是受漢人的影響而來。

‧ 日治時代的原住民服裝，還出現以漢人棉布做底、日本布做袖口、原住民圖案做主要
裝飾的混搭法。

思考重點：本段話首句已點出台灣原住民服飾受漢人影響，最後一句又寫到受日本人影
響，可見本段話重點在說明台灣原住民服飾受各種文化交融影響之深。

7.

🔍**參考答案**

（1）容易分心、衝動、冒險性強

（2）

ADHD 特質	相符合的獵人特質
1. 注意力短暫，但對感興趣的事物可保持長久專注	獵人須不停搜索四周，一發現獵物就馬上集中注意力追蹤
2. 組織力不強，沒有條理，衝動，想到什麼做什麼	獵人看到獵物得立刻拔腿追上
3. 容易不耐煩	獵人獨立行事的特性

（3）ADHD 者的特徵其實與人類遠古生活習性相關，他們的「格格不入」只是因為時
空環境已然改變。作者認為，若能換個角度來看待 ADHD 者，會發現他們所擁有的特徵
並不是一種「病」，而是現行社會與教育制度中的種種限制與其天性不符，因此應以更
寬廣的視野來看待他們。

🔍**解題思維**

關鍵詞彙：DHD 者（注意力缺失的過動兒）、獵人

關鍵句子：

‧ 現在所謂注意力缺失者的特徵—容易分心、衝動、冒險性強，其實是遠古打獵採集時
生存必要的特徵。

‧ 如果我們願意換一個角度來看 ADHD 者，他們可能並沒有毛病，只是現在教育制度
的限制，未必符合他們的天性罷了。

思考重點：本文在說明「ADHD 者（注意力缺失的過動兒）」與「獵人」之間的關係，
因此將兩者分陳並列討論的都是關鍵句。如整個第三段在描述兩者之間的關聯性，就都
是本文重點，需特別注意。又，最後作者以「換個角度來看 ADHD 者」即是她書寫本文

的目的，期待大家換個角度思考 ADHD 者的特質，不只是把這些特質當疾病，或許這些特質換個環境便可能成為優勢。

8.

參考答案

（1）

朝代	文人能做的事
建安以後 （魏晉南北朝）	建安時期始，文人多在朝做侍從供奉，或者在外作一薄宦，需依靠府主為生。
唐代	唐代為門閥掌權的貴族社會，此時文人仍然在貴族門下作客。
宋代	世族社會衰微，北宋以後，文人可以在科舉時提出策略，藉此晉升統治階層。

（2）

北宋文風的轉變	文風轉為對事物的直接描述，並更多理性思考。
北宋詩風的轉變	以作散文的手段作詩，不多加雕飾，直接寫出自己的語言與思考。
轉變之因	北宋以後，由於世族社會式微，讀書人與統治者並無分明壁壘，文人可以過自己的生活，不加雕飾地表達自己的想法，因此有了文風與詩風的轉變。

解題思維

關鍵詞彙：文人的職業、世族社會、社會變遷

關鍵句子：

· 經五代之亂，世族社會式微，到了北宋以後，文人每以射策登朝，致身將相，所以文風從此一變，直陳其事，求以理勝者多。

· 社會組織之變遷影響及於文人的生活，文人的生活影響及於文章之風氣。

思考重點：要讀懂本文，須先注意到標題「文人的職業」，因為本標題已寫出行文主幹—文人的職業在歷朝歷代的變化。接著本文所書寫的三個主要時代是「建安以後（魏晉南北朝）」、「唐代」和「宋代」，這三個朝代對大的社會變遷便是「世族社會的興盛與衰亡」。建安後到唐代中葉的政治環境是以世族社會為主幹，故文人多依附世族大家存活；而唐代中後期到五代之間，世族大家逐漸沒落，及至宋代，文人才有機會靠一己之力出頭，這也影響到整體文風的轉變。故閱讀本文須釐清以上從建安至宋代之間，因世族社會的興衰對文人職業及其文風的影響，才能全然理解文意。

9.

参考答案

（1）封禪泰山是評價一個皇帝在任期間功績的標準。

（2）

封祀臺之地點	泰山 天柱峰的西北側
適合「封禪泰山」之時	一般是風調雨順，也無強敵窺伺的昇平年代，帝王才會進行封禪泰山。
適合「封禪泰山」之因	封禪儀式極其勞民傷財，因此在盛世時候較適合進行。

（3）

封	帝王登泰山頂築壇祭天為「封」
禪	帝王到泰山下面的梁甫或其他山上辟基祭地叫「禪」

（4）

會「封禪泰山」的帝王之特質	歷代做過此事的帝王
好大喜功	秦始皇、漢武帝、唐玄宗、秦二世

（5）其刻石是丞相李斯用篆書鐫刻而成。

解題思維

關鍵詞彙：封禪泰山

思考重點：這是一篇介紹「封禪泰山」的說明文，主要敘述封禪泰山一事的意義、內容、「封」與「禪」各自的意涵、曾封禪泰山過的帝王及其特質，以及秦二世封禪泰山之事，重點較為零散，故能針對上述部份分別釐清即可。

10.

参考答案

（1）因為用瓷杯喝紅茶時，若直接倒入熱茶可能導致瓷杯過熱破裂，故先加入牛奶來降溫。

（2）若瓷器茶杯能接受牛奶後加也不受溫度影響，不會受損，表示此家族擁有的瓷器等級更高。

（3）

階級	茶具	茶的濃淡	常見茶種	是否加糖
中上階級	瓷器茶具	淡茶	伯爵茶、烏龍茶	因多搭配甜品，通常不會加糖。
勞動階級	馬克杯	濃茶	阿薩姆茶	會加糖

（4）

是否加牛奶	判斷原因
□ 不加牛奶 ■ 加牛奶	「什麼都不加的紅茶，只比白開水好喝一點而已。」此句話意味著一定要加牛奶才好喝，因此英國人喝茶喜歡加牛奶。

解題思維

關鍵詞彙：英國人、喝茶、上流階級飲茶習慣、勞工階級飲茶習慣、茶具、茶品

思考重點：本段話在介紹英國人喝茶的習慣，又分為上流階級飲茶習慣和勞工階級飲茶習慣，所用的茶具、喜歡的茶品、是否加糖等都有差異，故釐清上述部分是閱讀本段文字的思考重點。

11.

參考答案

（1）

階級	詞彙	象徵意涵
甲	每一個坑洞	象徵人生的每一個考驗、難關。
乙	方正的直角	象徵個人不容改變的原則、鮮明的個性。
丙	紙	象徵自己的個性、人格特質、形象等。
丁	蟑螂	象徵到哪種環境都能生存的頑強生命力，即使卑微地活著仍要繼續努力活下去。

（2）

「摺紙」的象徵	藉此抒發的感慨
自身人格特質、形象的塑造	作者以「摺紙」比喻自己到不同環境中，為了適應不同環境，或融入不同的社交圈，就會把自己變成不同的形象或特質，但久而久之，卻在那個過程中逐漸失去自己的形狀，而他的「自我」也慢慢變得殘破不堪。

🔍解題思維

關鍵詞彙：摺紙、人生

思考重點：

· 我從未能重現這隻獨角仙，人生也不若它的摺線一般乾淨俐落。我反覆把自己摺成不同的生物，試圖符合人生為我準備的每一個坑洞。

· 幾次把紙弄得殘破不堪後，勉強找到約略符合自己形狀的角落，適應下來了。

· 我又慌張了，這次，我應該把自己摺成什麼呢？

思考重點：本文在用「摺紙」象徵如何形塑自我去面對外在環境，而作者以「紙」象徵自我，形容自己為適應不同環境，故反覆變化自我去適應環境，卻也使自我變得破爛不堪。因本文以「摺紙」象徵自己的人生狀態，故巧妙結合各種摺紙的狀態和自己的人生經驗結合，故在閱讀本文時，須思考並確認本文所使用的摺紙狀態背後之象徵意涵。

12.

🔍參考答案

（1）

正確	選項	錯誤之處
	(A) 東、西德統一後，開始拆除柏林圍牆	柏林圍牆從 1989 年 11 月 9 日開始被拆除，當時東、西德並未統一。
✓	(B) 東、西德從各自建國到統一超過四十年	
	(C) 蘇聯紅軍占領柏林後就開始興建柏林圍牆	蘇聯攻陷柏林為 1945 年，興建柏林圍牆則從 1961 年開始。
	(D) 柏林圍牆拆除後，西柏林人始能造訪東柏林	1971 年西柏林人就能造訪東德，當時柏林圍牆尚未拆除。

（2）事件順序為【乙】→【甲】→【丙】→【丁】

🔍解題思維

關鍵詞彙：蘇聯紅軍、東柏林、美英法、西柏林、柏林圍牆

思考重點：本圖表呈現 1945 年到 1990 年間，德國柏林被蘇聯紅軍及美英法聯軍拆為東西柏林各自統治後的互動狀況。第 1 題選項尤其將「柏林圍牆」的興建、拆除時間與東西柏林的分裂、統一一事多加探討，因此在讀圖時須特別注意年表上「柏林圍牆」之事與東西柏林的分合時間點。

13.

🔍**參考答案**

當我們讀完書後，必須靠自己的思考重新組裝書中的知識內容，再用自己的話去進行詮釋表達，這書中的內容對我們而言，才會變成真正屬於我們的貨真價實的知識。

🔍**解題思維**

關鍵詞彙：重新組裝、用自己的話說、貨真價實的知識

思考重點：除了一開頭的「讀書」須從圖像訊息獲取外，所有訊息都可以從文字訊息獲取，而此中的每個文字訊息都很關鍵，因此這題只要能把所有訊息串來起來解釋，即可獲得精確詮釋。

14.

🔍**參考答案**

（1）

原句	翻譯
學不得法，猶願魚而無網，心雖勤而無獲；若得其要，猶順流馭舟	沒有掌握到學習的要領，就像想補魚卻沒有漁網，雖然內心渴望，卻無法有所收穫；如果能掌握學習要領，則像順著水流駕馭小船。

（2）不必花費大量體力，就能夠到達遠方。

15.

🔍**參考答案**

（1）圈出在本故事中產生互動的主角（如下方藍字及☐☐處）

（2）請將適當的主詞或受詞填入括號中，也寫出文中代詞所代的人、事、物

龍眼枝甚柔脆，熟時（　主人　）貰慣手登採，（　主人　）恐其（　慣手　）恣食，（　主人　）與（　慣手　）約曰：「（　慣手　）唱勿輟，輟則無薪。」樹枝扶疏，人坐綠蔭中，（　歌聲　）高低斷續，喝喝弗已。（　主人 / 土人 / 旁人　）遠聽之（　歌聲　），頗足娛耳。土人謂之（　歌聲 / 採龍眼要唱歌這件事　）「唱龍眼」。

（3）

原句	翻譯
龍眼枝甚柔脆，熟時貰慣手登採，恐其恣食，與約曰：「唱勿輟，輟則無薪。」	龍眼的枝枒非常柔軟脆弱，果園主人在龍眼成熟時會僱用有經驗的人來幫忙，擔心他們任意採食，因此與他們約定：「工作時必須不停歌唱，歌聲停止則領不到工資。」

樹枝扶疏，人坐綠蔭中，高低斷續，喁喁弗已。	樹枝茂密，採龍眼的人坐在綠色樹蔭中，歌聲錯落斷續，低語不停。
遠聽之，頗足娛耳。土人謂之「唱龍眼」。	從遠處聆聽這種歌聲，頗為悅耳好聽。當地人稱之為「唱龍眼」。

（4）果園主人為了防止採龍眼的工人趁機偷吃果實，因此要求他們在摘採龍眼同時必須不停歌唱，產生了「唱龍眼」的現象。

16.

🔄 **參考答案**

（1）圈出在本故事中產生互動的主角（如下方藍字及 ▢ 處）

（2）請將適當的主詞或受詞填入括號中，也寫出文中代詞所代的人、事、物

> 陸公嘗於市遇一佳硯，議價未定。（ 陸公 ）既還邸，使門人往，以一金易（ 佳硯 ）歸。門人持硯歸，公訝其（ 佳硯 ）不類。門人堅證其（ 佳硯 ）是。公曰：「向觀硯有鴝鵒眼，今何無之（ 鴝鵒眼 ）？」（ 門人 ）答曰：「吾嫌其（ 鴝鵒眼 ）微凸，路遇石公，令（ 石工 ）磨而平之（ 鴝鵒眼 ）。」公大惋惜。

（3）

原句	翻譯
陸公嘗於市遇一佳硯，議價未定	陸公曾在市場上遇到一座上好的硯台，但沒有跟商家把價錢商量好。
既還邸，使門人往，以一金易歸	陸公回到家以後，就派遣僕人用一兩銀子把硯台買回來。
門人持硯歸，公訝其不類。門人堅證其是	等僕人拿著硯台回來後，陸公很訝異買回來的硯台不像自己要買的那一個，但門人卻堅稱這個硯台就是陸公指定的那個。
公曰：「向觀硯有鴝鵒眼，今何無之？」	陸公說：「剛才我看硯台上有鴝鵒眼，為何現在這個硯台沒有鴝鵒眼呢？」
答曰：「吾嫌其微凸，路遇石工，令磨而平之。」公大惋惜。	僕人回答說：「我嫌棄這個鴝鵒眼有點凸，剛才回來的路上遇到一個石工，就請石工把這個鴝鵒眼磨平了。」陸公非常惋惜（因為硯台最有價值的就是那個鴝鵒眼）。

（4）因為這座硯台最特別、最有價值的就是那個微凸的鴝鵒眼，卻被不識貨的門人找人給磨平了，所以陸公覺得非常可惜。

17.

◎**參考答案**

（1）圈出在本故事中產生互動的主角（如下方藍字及□□處）

（2）請將適當的主詞或受詞填入括號中，也寫出文中代詞所代的人、事、物

莊子釣於濮水，楚王使大夫二人往先焉，（　大夫二人　）曰：「願以境內累（　莊子　）矣！」莊子持竿不顧（　大夫二人　），曰：「吾聞楚有神龜，死已三千歲矣，王巾笥而藏之（　神龜　）廟堂之上。此龜者，寧其（　神龜　）死為留骨而貴乎，寧其（　神龜　）生而曳尾於塗中乎？」二大夫曰：「（　神龜　）寧生而曳尾於塗中。」莊子曰：「往矣！吾將曳尾於塗中。」

（3）

原句	翻譯
莊子釣於濮水，楚王使大夫二人往先焉，曰：「願以境內累矣！」	莊子在濮水邊釣魚，楚王派遣兩位大臣先前往濮水邊像莊子表達心意，兩位大臣對莊子說：「希望能勞煩您來協助國家治理之事！」
莊子持竿不顧，曰：「吾聞楚有神龜，死已三千歲矣，王巾笥而藏之廟堂之上。此龜者，寧其死為留骨而貴乎，寧其生而曳尾於塗中乎？」	莊子拿著釣竿不理兩位大臣，並說：「我聽說楚國有一隻神龜，死的時候已經三千歲了，楚王便用錦緞把牠包裹起來，收藏在廟堂之上。你覺得這隻神龜是寧願死掉留下牠的骸骨而變得尊貴，還是寧願活著，在泥巴裡拖著尾巴打滾呢？」
二大夫曰：「寧生而曳尾塗中。」	兩位大臣說：「神龜寧願活著，在泥巴裡拖著尾巴打滾。」
莊子曰：「往矣！吾將曳尾於塗中。」	莊子說：「離開吧！我要拖著尾巴在泥巴裡打滾，自在地生活。」

（4）

比喻之物	莊子之意
三千歲的神龜	莊子以神龜暗喻自己，寧可在樸實自然的環境中生活，也不要被供奉在朝堂之上，卻失去自己的生命和靈魂。

18.

🔍**參考答案**

（1）請圈出關鍵詞，你覺得本文的關鍵詞是：（　誠　）

（2）

關鍵句	翻譯
勤字所以醫惰，慎字所以醫驕，二字之先，須有一誠字以爲本。	「勤」可以用來改正怠惰，「慎」可以用來改正驕傲，而在這兩者之前，必須以「誠」作為根本。
精誠所至，金石爲開，鬼神亦避，此在己之誠也。	只要足夠誠心，連金與石都會為之裂開，鬼怪神靈也會避讓，這些都取決於自己的誠心。

（3）

「用兵久」的弊病	驕惰自生
此弊病的防治方式	以「勤」改正怠惰，以「慎」改正驕傲
防治方式之本	誠

19.

🔍**參考答案**

（1）

作者面臨的狀況	七月時，太陽很大，無風無雲，天氣非常炎熱。
在此狀況中的處境	前庭後院都像在一個大火爐中，無處可躲，天空中連一隻飛翔的鳥都沒有。熱到吃不下飯，想拿草蓆在地上休息，又遇地面潮濕，且有蒼蠅來擾。
遇到的轉折	突然下起傾盆大雨
結果	不再悶熱，地面變得比較乾燥，蒼蠅離去了，飯也吃得下了。

（2）

作者心情的轉變	轉變關鍵
從因炎熱升起的鬱悶煩躁，食不下嚥，轉變成終於吃得下飯的暢快。	下大雨，使暑氣消褪。

20.

🔄**參考答案**

（1）

	原文	翻譯
第一次 形容麒麟	麟如麟也	麒麟長得就像麒麟
第一次 聽者反應	若吾嘗見麟，則不問子矣。 而云麟如麟，寧可解哉？	如果我曾經見過麒麟，就不用問你了。你卻說 麒麟長得像麒麟，這樣我怎麼理解呢？
第二次 形容麒麟	麟者，麋身牛尾，鹿蹄馬 背。	麒麟身體像麋，尾巴像牛，腳蹄像鹿，而背部 像馬。
第二次 聽者反應	問者豁然而解	問的人恍然大悟，明白了麒麟的長相。

（2）因為聽者沒見過麒麟，所以回答者說「麒麟長得像麒麟」，聽者也勾畫不出麒麟的
長相；而第二次回答者具體地運用聽者見過的不同生物去描述麒麟的樣貌，聽者也就能
理解了。

21.

🔄**參考答案**

（1）

詩句	用途	詩句意涵
落帆逗淮鎮，停舫臨孤驛。	B	卸下船帆留宿在淮水邊的小鎮，小船停靠在孤 零零的驛站旁。
浩浩風起波，冥冥日沉夕。	A	突然吹起大風使得江中波浪起伏，夕陽西沉後 天色昏暗。
人歸山郭暗，雁下蘆洲白。	A	山城昏暗，人們各自歸家休憩，雁群也飛下棲 息在蘆葦盛開的沙洲上。
獨夜憶秦關，聽鐘未眠客。	B	夜裡，孤獨的我聽到岸上鐘聲輾轉難眠，不禁 又想起長安城。

（2）本詩在描寫詩人遠行之時，在黃昏的渡口看到鳥兒和人們都各自回家休息，唯有自
己孤身一人在船上，夜裡生起的孤寂之感更令人難以入眠。

22.

🔍 **參考答案**

（1）白翎鷥群飛的景況已經很少見，而白翎鷥出現的地方，是躲過開發計畫留存的保安林地，可讓群鳥安心棲息生育。作者擔心粗野的賞鳥人潮會驚嚇到白翎鷥，讓牠們失去僅有的家園。

（2）

作者心情	推測依據
1. 珍惜 2. 慨嘆	**1. 珍惜：** 從「不敢太靠近，更不敢向人張揚／只能悄悄讚歎」，可以看出作者對白翎鷥邂逅的珍惜。 **2. 慨嘆：** 從「這一步一昂首一啄食的尋常蹤跡／如今竟需驅車探訪／沿途追索迢遙的記憶」可以得知，作者對於從前日常風景如今卻還得「驅車探訪」的變遷，深深慨嘆。

綜合練習二

1.

參考答案

這句話認為，藝術必須兼顧「傳統」與「創新」，融合古典與現代。因為沒有傳統內涵的藝術，就像沒有牧羊人的羊群失去方向一般，失去文化的根基；另一方面，藝術如果沒有與時俱進，灌注創新的元素，也就缺乏與當代社會互動的靈魂，徒具形式，彷彿行屍走肉。

解題思維

關鍵詞彙：藝術、脫離傳統、沒有牧羊人的羊群、缺乏創新、行屍走肉

思考重點：本句話的重點在於解釋為何「藝術」如果「脫離傳統」，就會像「沒有牧羊人的羊群」？為何「缺乏創新」就會像「行屍走肉」？須練習清楚闡述其中的因果關係。

2.

參考答案

巡視要點的共通之處	刺史的主要職責
巡視要點的共通之處在於「對象」和「目的」，巡視的對象都是位居高位者，目的都是看他們是否欺壓弱勢者。	刺史的主要職責在於藉由巡視來監督居高位者的行為，以保護社會上較弱勢者的權利。

解題思維

關鍵概念：

1. 地方豪強、郡守公侯、高官、官員、高官子弟→居上位、有權勢者

2. 恃強凌弱、損公肥私、草菅人命、任人唯親、仗勢欺人、勾結地方豪強、牟取不法利益→為非作歹、欺凌弱勢

思考重點：本句話的重點在於找出兩大關鍵概念，即「居上位者、有權勢者」與「為非作歹、欺凌弱勢」，便可看出此官員的職責為監看探查「居上位者、有權勢者」是否「為非作歹、欺凌弱勢」。

3.

參考答案

由喬哀思自己說的這句話可以判斷，小說可以深刻地記錄下一個地方的真實樣貌，不管是對外在環境的刻畫，還是對在地人生活的文化描摹，皆可精確而細膩地被記錄在好的小說之中，使當地的文化得以被傳承。

解題思維

關鍵句子：有一天，都柏林這座城市毀了，人們也可以憑藉我的小說，一磚一瓦的將之重建。

思考重點：<u>喬哀思</u>對自己小說的描述，不僅說明他的小說特色，也藉此說明小說的作用。

4.

🔍**參考答案**

作者認為，以農作物製成的民生用品因為材料天然、不會造成環境汙染，只要經過用心研發與推廣，使之更為精良與普及，將更能保護地球環境。

🔍**解題思維**

關鍵句子：

・以往許多民生用品都以農作物製成，取之於大自然，還之於大自然，不會造成地球負擔、環境汙染。

・若更用心研發，一定可以製作得更精良、推廣得更普及。

思考重點：本段分為三句，第一句在講民生用品由農作物製成的好處，第二句進一步延伸說明如能用心研發，一定能將使其產品更加精良且同時保存原本愛護環境的特性，第三句則從反面角度敘述現況。由此可知，關鍵句在具備正面敘述的前兩句，將此兩句結合起來換句話說，即為本段落重點。

5.

🔍**參考答案**

素包子在宋朝 受歡迎之因	因為在宋朝時，佛教已深入社會各階層，使社會流行吃素，故素包子受歡迎。
被稱為「酸餡兒饅頭」的原因	酸餡兒原本專指有酸味的雪裡紅包子，因為銷售數量特別多，後來時人就把「酸餡兒饅頭」作為素包子的統稱。
學者對「酸餡兒饅頭」的誤寫 與誤解	現代學者校點宋人筆記和話本，老把酸餡兒寫成「餕餡兒」，並說餕餡兒就是熟餡兒的意思。

🔍**解題思維**

關鍵詞彙：素包子、酸餡兒饅頭

思考重點：本段文字在說明素包子在宋朝時的狀況，包括其受歡迎之因和被稱為酸餡兒饅頭的原因，最後再寫到現代學者對於「酸餡兒」一詞的誤寫和誤解。因此閱讀本段文字須特別釐清素包子與酸餡兒饅頭之間的關係。

6.

🔍**參考答案**

這段文字在說明賭客玩拉霸機時，使用卡片代替現金在賭博活動中的影響。它指出了這種變化可能使賭客失去對金錢損失的直接感知，可能導致他們難以察覺到自己的虧損程度，進而無法適時停止賭博。這種情況可能增加了賭博成癮和損失的風險。

🔍**解題思維**

關鍵詞彙：賭客、拉霸機、鈔票、卡片

關鍵句子：

・會看見皮夾裡的鈔票越來越少，能提醒自己適時收手。

・卡片僅會記錄他們的輸贏情況，賭客難以意識到自己正不斷輸錢。

思考重點：透過上兩句關鍵句，可看出賭客在玩拉霸機時，運用兩種不同付款工具，會在賭客身上產生哪兩種不同意識。

7.

🔍**參考答案**

（　鐵器　）普及 ➡ （　生產力　）提升 ➡ 生活變得豐富，（　夜間非生產性工作　）、（　富人娛樂活動　）增加 ➡ 多一餐補充體力

🔍**解題思維**

關鍵詞彙：鐵器、生產力、夜間非生產性工作、富人娛樂活動

思考重點：本段話重點在於解釋從商代到周代為何慢慢從兩餐變作三餐，因此需注意究竟是哪些關鍵要素使此變化發生，故本題思考重點便是找出這些「要素」。

8.

🔍**參考答案**

（1）

疏離之處	獨特的親密之處
不像好友、情人、夫妻一般，會殷勤探問、如膠似漆、朝夕相處，各自擁有各自的人生，聚首通常為了父母，聚首時也不一定會談心。	每個人生命初始的那一段，彼此成長過程束的點點滴滴，全世界只有兄弟姊妹知道。

（2）

「雨樹」與兄弟姊妹之情相似之處	作者以「雨樹」作結的可能原因
雨樹上的枝葉，雖然相隔三十公尺之遙，但始終長在同一棵樹上，擁有相同的根。就像兄弟姊妹，即使距離看似遙遠，仍擁有來自同一個家庭的親密。	因為雨樹樹冠兩端距離遙遠但生於同根的特色，相似於看似疏離卻同根相連的手足之情，作者因以此為喻，呈現手足情的獨特親密性，並藉此表達自己對於手足之情能如雨樹兩端，「看同一場雨直直落地，與樹雨共老」的想望。

🔍**解題思維**

關鍵詞彙：兄弟（姊妹）

關鍵句子：
- 所謂兄弟，就是家常日子平淡過，各自有各自的工作和生活，各自做各自的抉擇和承受。
- 然而，又不那麼簡單，因為，和這個世界上所有其他的人都不一樣，我們從彼此的容顏裡看得見當初。
- 兄弟，不是永不交叉的鐵軌，倒像同一株雨樹上的枝葉，雖然隔開三十公尺，但是同樹同根，日開夜闔，看同一場雨直直落地，與樹雨共老，挺好的。

思考重點：閱讀本文一樣可以先看文章標題「共老」，然後思考本文寫的是與誰共老？此文採埋兵伏將法，直到第二段才點出那個「我們」指的是兄弟姊妹關係。接著第二段書寫兄弟姊妹間的疏離，第三段書寫兄弟姊妹間的獨特的親密之處，最後以「雨樹」意象比喻兄弟姊妹間的關係。其中每個段落各有一句關鍵句，只要找到就可以串聯解讀全文意涵。

9.

參考答案

（1）

地點	當地人的「常識」	和我們的常識不同之因
1. 緬甸	鞋子比腳大一點點比較好	緬甸的雨季長，如果拖鞋比腳長，走路時雨水會將雨水濺起，弄濕沙龍的下襬。
2. 埃及	公車上，別人剛坐過的位置最涼爽。	埃及的夏天，氣溫可能高達攝氏 45 度。而人的體溫只有攝氏 37 度，因此別人剛坐過的座位是最涼爽的。

（2）生長於不同環境與文化的人，所認知的「常識」並不相同。

（3）從那一刻起，我學會了<u>不應以自己的「常識」來隨意評判別人，應試圖了解並尊重各地的生活習慣</u>。

解題思維

關鍵詞彙：常識

關鍵句子：一個不知道自己認知的常識並非放諸四海皆準的人，恐怕才是最欠缺常識、被人當作笑話談論的那個。

思考重點：本文透過兩個國外的例子探討「常識」這件事情。透過例子和上述關鍵句可判斷，作者認為「常識」的因地制宜，在不同地域和不同文化下會形成不同「常識」，因此我們不可用自己習慣的一切去隨意批評我們不瞭解的人事物。

10.

Q參考答案

（1）

正面描述 （可愛之處）	1. 孩子們的童心純真無邪
	2. 孩子們的表相純美可喜
負面描述 （可憎之處）	1. 小孩也是可怖的，他們是所有不可知的未來的決定者，純美的表相下隱藏無窮善或惡的可能。
	2. 范德之教授說不曾為人父母的，沒資格寫小說，因為「還沒有真正經歷過人生的苦難」。他是我所熟知的人當中，對小孩的喧鬧最深惡痛絕的一位。

（2）

喜歡孩子的文學家	討厭孩子的文學家
《愛麗絲夢遊奇境記》作者 路易斯·卡羅	英國詩人拉肯
喜歡孩子的言行表現	討厭孩子的言行表現
路易斯·卡羅一生結交無數小朋友，並將他說給他最鍾愛的小女孩愛麗絲的故事，發展成為《愛麗絲漫遊奇境記》。	拉肯認為「小孩無非自私、吵鬧、殘忍與粗俗」、「生命只是一代代把悲慘傳遞下去」。

（3）

最呼應的一句話	最呼應的原因
甲	甲句前後文說明小孩看起來天真無邪，但其心靈如同大人般擁有各種不同想法，因此說他們「在純美的表相下隱藏無窮善或惡的可能」，其中提及「善」及「惡」的可能性，與「不管是最可愛的還是最不可愛的」能相呼應。

（4）

是否喜歡	我對小小孩的感覺
☐ 喜歡 ☐ 不喜歡 ☐ 不確定	（請依照個人思考及感受進行作答）

解題思維

關鍵詞彙：喜歡、討厭、小孩子

關鍵句子：純美的表相下隱藏無窮或善或惡的可能。

思考重點：對於本文的思考也應由題目「愛憎童蒙」出發，如能解讀本題目，就不難發現本文循著「喜歡小孩」和「討厭小孩」兩條線分陳前進，包括喜歡小孩的人和討厭小孩的人對孩子的不同觀點、感受，也陳述文學家中兩類型人對孩子的不同態度。然而以文章最後的段落，恐怕還是有強化「討厭小孩者」的感受，這應該也是一篇對普羅大眾習慣描述小孩「可愛形象」的反動文章吧！

11.

參考答案

（1）

詞彙	背後意涵（可替換詞彙）
質數	難以被理解的、孤獨的人
數列	人群、一般人

（2）這些難以被理解的人以「寫作」來面對自身的孤絕、痛苦，並因此得到救贖，完成自我價值。

解題思維

關鍵詞彙：質數、閱讀、寫作

關鍵句子：

- 身為質數，在數列裡，我們無法緊挨著取暖，總是隔著許多無法理解我們的他人，但那孤獨正是因為身具的奇特性質而來。那麼，我，與其他親愛的質數，難道不正因此是特別的？

- 我體認到這些同為質數者，是以寫作面對自身的孤絕、痛苦，且彷彿因此得到救贖。同時，也正因其出眾的書寫，寫定了自身價值。我驚喜地發現，那不會離開自我的「一」，能與自身緊緊相繫的，原來正是「寫作」。

思考重點：本文以「質數」象徵難以被理解的、孤獨的人，而透過「閱讀」，作者體會到身為「質數者」尋找夥伴的方式，更理解到「質數者」們可透過「寫作」尋找到自己的價值。故本文重點放在需理解「質數」一詞的象徵意涵，及「閱讀」、「寫作」對「質數者」的重要性為何。

12.

參考答案

（1）

文句	我的詮釋
【甲】陽光大街小巷地追著市民跑，一等他們停下來便立刻出擊。 （「陽光大街小巷地追著市民跑」是什麼意思？）	陽光很炙熱，市民們只要站在陽光底下，就能感受到陽光令人煎熬的熱度。
【乙】但經過這長久下來的警戒之後，好像每個人的心腸都變硬了，無論是走路時或生活中聽到痛苦呻吟聲都能置若罔聞，彷彿那是人類的自然語言。 （為何「好像每個人的心腸都變硬了」，會對他人的痛苦呻吟聲置若罔聞？）	鼠疫久了之後，人們聽到他人在疾病中痛苦呻吟的聲音也都成了習慣，慢慢不再感到不捨或擔憂，因此也都對那些痛苦呻吟聲置若罔聞。
【丙】打鬥中當然會有人受傷，但在城裡由於受到燠熱與恐懼的影響，所有事情都被誇大了，因此便有傳聞說死了人。 （為何「有傳聞說死了人」？）	在打鬥中有人受傷，但因為令人難耐的炎熱氣候和對鼠疫的恐懼，所有壞消息就更加倍擴大，在打鬥中死人的傳言也就跟著出現了。
【丁】巡邏隊的身影消失後，受威脅的城區便再次陷入一片沉重且充滿猜疑的寂靜之中。 （為何城區會「受威脅」？又為何會「陷入一片沉重且充滿猜疑的寂靜之中」？）	巡邏隊離開後，大家陷入擔心被認定違法而被抓走的沉重與恐懼之中。有沒有可能做了哪些事而遭人告發？也沒人知道，只能互相猜疑。

（2）這些被困在疫病當中的民眾發生暴動，這就是政府擔心的「最壞狀況」。

解題思維

關鍵詞彙：鼠疫

思考重點：這是卡繆小說《鼠疫》中的一段節錄，主要描寫在鼠疫發生時奧蘭城中人們凝重的生活狀況。因為是小說節錄，所以許多事的前因後果仍不清楚，只能根據小說中描寫的片段做描述。學生在思考此文句義時，也可連結到自身在疫情中的經驗和感受，更能理解本文所寫內容，進而對內容進行詮釋。

13.

参考答案

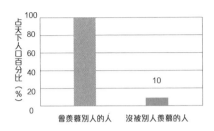
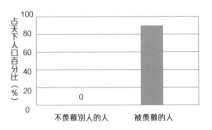

解題思維

關鍵句子：天下沒有一個人從不羨慕別人，只有少數人從沒被別人羨慕過。

思考重點：從「天下沒有一個人從不羨慕別人」此句可判斷每一個人都會羨慕別人，故會羨慕別人的人比例是 100%，而不羨慕別人的人比例是 0%。從「只有少數人從沒被別人羨慕過」此句可知沒被別人羨慕過的人比例很少，故以 10% 來表現，如此推知，被羨慕的人比例就有 90%。又，後面這句話僅以「少數」來說明，並沒有實際數值，故所畫數值在 1% ～ 20% 之間皆可接受，不過沒被別人羨慕過的人和被羨慕過的人比例加起來應為 100%，須注意這點。

14.

参考答案

【甲】：高土山北麓

【乙】：初雲風景區

【丙】：日月鎮光明里

解題思維

思考重點：

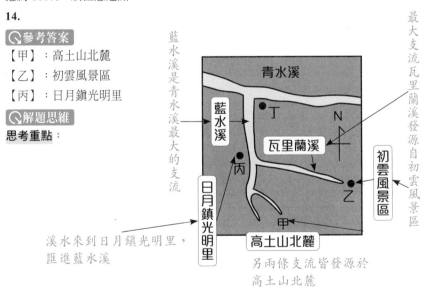

15.

🔍**參考答案**

（1）圈出在本故事中產生互動的主角（如下方藍字及 ▢ 處）

（2）請將適當的主詞或受詞填入括號中，也寫出文中代詞所代的人、事、物

> 隋煬帝善屬文，而不欲人出其（ 隋煬帝 ）右，司隸薛道衡由是（ 文章寫得比隋煬帝好 ）得罪。後（ 隋煬帝 ）因事誅之（ 薛道衡 ），（ 隋煬帝 ）曰：「（ 薛道衡 ）更能作『空梁落燕泥』否？」

（3）

原句	翻譯
隋煬帝善屬文，而不欲人出其右，司隸薛道衡由是得罪。	隋煬帝擅長寫作文章，但不喜歡被別人勝過，司隸薛道衡因此得罪了他。
後因事誅之，曰：「更能作『空梁落燕泥』否？」	後來隋煬帝因此事要殺他，並對他說：「今後你還能做出像『空梁落燕泥』這樣的詩句嗎？」

（4）薛道衡在寫作方面的才華令隋煬帝感到嫉妒，因此得罪了隋煬帝。

（5）

隋煬帝的個性	推測原因
善妒	隋煬帝只是因為薛道衡的才華高於他，他就殺了對方。

16.

🔍**參考答案**

（1）

蘇東坡的飲食原則	翻譯
自今日以往，不過一爵一肉。有尊客，盛饌則三之，可損不可增。	從今以後，每頓飯不超過一酒一肉。有尊客來訪，設宴招待只準備三道肉，可以減少，不能增加。

（2）

蘇東坡的做法	翻譯
有召我者，預以此先之，主人不從而過是者，乃止。	有人邀請我赴宴，預先告訴對方這個標準，對方不按此標準準備，宴席超過這個分量，就不去赴宴。

（3）

此飲食原則的好處	翻譯
一曰安分以養福，二曰寬胃以養氣，三曰省費以養財。	一是為了安守本分（不吃超過自己身體負荷的食物）而頤養福氣，二是為了讓胃寬鬆（減少胃的負擔）以畜養精氣，三是為了節省開支以聚養家財。

17.

🔍**參考答案**

「名不可以倖取也」之因	翻譯
倖其似而竊其名，非不可以欺一時，然他日人即其似而求其真，則情現實吐，無不立敗	由於外表相似而僥倖竊取到名聲，不是不可以欺騙他人一時。但未來有一天，有人因為他相似的外表而要他作出真實的表現時，那麼就會原形畢露，無法不（一定會）立刻失敗。

18.

🔍**參考答案**

（1）

相關文句	翻譯
楚莊王好周遊田獵，馳騁弋射，歡樂無遺，盡付其境內之勞與諸侯之憂於孫叔敖。孫叔敖日夜不息，不得顧及養生之事，故使莊王功績著乎竹帛，傳乎後世。	莊王喜好四處遊玩打獵，跑馬射箭，對於尋歡作樂都不遺餘力，而把治國的辛苦和身為諸侯之憂勞都推給了孫叔敖。孫叔敖日夜操勞不止，無法顧及養生之事，正因如此，才使楚莊王的功績載於史冊，流傳於後代。

（2）1. 先寫：一般人的想法觀點（孫叔敖遇到楚王是孫叔敖之幸）

　　2. 再點出：作者自身與他人截然不同的觀點（孫叔敖遇到楚王是楚王之幸）

19.

📀**參考答案**

（1）

1.	喜歡牡丹花，在春天時會插牡丹花。

2.	牡丹花開時，會四處遊玩賞花，直至花期結束。

（2）

封存牡丹花的方式（原文）	翻譯
以菜葉實竹籠子，藉覆之使馬上不動搖，以蠟封蒂，乃數日不落	用菜葉填滿整個竹籠子，蓋上鋪墊，讓牡丹花在馬車上也不會晃動，並以蠟封住花蒂，就可以讓牡丹花數日不凋落。

20.

📀**參考答案**

（1）

	原文	翻譯
對柳開的描述	柳開少好任氣，大言凌物。應舉時，以文章投於主考簾前，凡千軸，載以獨輪車。引試日，自擁車入，欲以此駭眾取名	柳開年少時年輕氣盛，愛說大話，傲視他人。參加科舉考試時，在考官辦公處的門前把文章投贈給主考官，共有一千軸，用獨輪車裝著。面試那天，他推著車進入考場，想要用這方法使其他人害怕來取得功名。
對張景的描述	<u>張景能文有名，唯袖一書簾前獻之</u>	張景能寫文章且有名氣，他用一隻袖藏了一篇文章，在考官辦公處的門前獻出此文。

（2）

評價較高之人	翻譯
張景	時人為之語曰：「柳開千軸，不如張景一書。」（當時人因這件事有傳言：「柳開寫一千軸文章，不如張景寫一篇文章。」）

（3）

	原文	翻譯
張景的背景	<u>張景，字晦之，江陵公安人。幼能長言，嗜學尤力。貧不治產，往從柳開</u>	張景，字晦之，江陵　公安人。從小就擅長言談，喜歡學習尤其賣力。由於貧困且沒有家產，他就前往跟隨柳開學習。

| 柳開對張景的協助 | 開以文自名，而薦寵士類，一見歡甚，悉出家書予之，由是屬辭益有法度。開每曰：「今朝中之士，誰踰晦之者！」即厚饋，使如京師。後中進士。 | 柳開因文章寫得好享有名聲，受到讀書人的推薦愛護，見到張景非常開心，把家裡的藏書全部拿出來給他，因此張景寫文章更有章法。柳開常說：「現今朝中的讀書人，有誰能超越張景呢？」於是就大力資助張景，讓他到京師。後來張景就考中了進士。 |

（4）

真實性較高的文章	原因
乙	從丙表可看出，柳開的年紀比張景大 22 歲，中舉時間比張景早 27 年，算得上是張景老師輩的人物，並非張景的平輩。而甲文將兩人描述成同時參加科考，可被比較的平輩，似乎不太正確。比較起來，乙文將柳開描寫成提攜張景的人，應是比較合於兩人輩分的描述。

21.

參考答案

最能表達不隨流俗的一句話	到處芙蓉供醉賞，從他。自有幽人處士誇。
覺得是上述這句話的原因	此句詞中寫道，就讓四處可見的芙蓉讓人陶醉欣賞吧，而比冷淡的秋花更為冷淡的黃葵，自然會有隱居山林、有學識的人來誇讚。因此，可以看出作者以此自比，表現出不隨流俗，終能獲得賞識的想法。

22.

參考答案

（1）

作者	辛棄疾
詞牌名	西江月
題目	江行采石岸，戲作漁夫詞
本闋詞的內容	在江邊觀察美景及漁夫生活，並以漁夫的角度進行創作。

（2）

詞句	用途	詞句意涵
千丈懸崖削翠，一川落日鎔金。	A	翠綠的樹木長在千丈餘高的峭壁上，金黃的夕陽映照在江面上。（描寫翠綠的峭壁和江面上的夕陽之景）
白鷗來往本無心。選甚風波一任。	A	白鷗在天空中自在地翱翔，不在意眼前有什麼風浪。（描寫白鷗飛翔自由自在、毫無拘束的樣態）

| 別浦魚肥堪膾，
前村酒美重斟。 | B | 河海交會處的魚兒肥美新鮮，此時正是吃魚的好時節，前村的好酒值得喝完再斟。
（魚兒鮮肥美味，好酒亦可暢飲） |
| 千年往事已沉沉。
閒管興亡則甚。 | C | 千年來的往事已成歷史，何必去管這些興衰呢？
（無須在意歷史大事或國家興衰） |

（3）歌詠漁村之美，既嚮往也羨慕漁夫生活之單純愜意，不用將國家興亡大事牢記心間，只要過著簡單富足的生活即可。

（另有一說為辛棄疾以此諷刺南宋王朝偏安江南，不思反攻，讓此污點永留歷史。但因為此寓意需增加其他歷史背景介紹，學生才可理解，故此說作為補充說明。）

綜合練習三

1.

參考答案

作者以吹泡泡比擬完成一件事的過程，吹泡泡的結果都是破碎，但其實人們在意的是過程中的七彩美麗；因此，我們應該記得努力過程中的收穫，不必過度在意最終結果是否完美，因為過程中的收穫才是最重要而真正屬於自己的。

解題思維

關鍵詞彙：記得、結果不完美、卻忘記、收穫滿滿的過程

思考重點：本句話的重點在於解釋「記得」、「結果不完美」與「卻忘記」、「收穫滿滿的過程」這兩組語詞的對照關係，由此推論真正重要者為何。

2.

參考答案

現代年輕人的作品缺點	判斷依據及原因
1．人物設定不夠清晰飽滿，缺乏性格及特色。	「面貌模糊的人」可能象徵人物的設定不夠清楚，讓人無法感受到他的性格或特色。
2．場景設定缺乏足夠立體細節，背景抽離社會文化。	「空曠的地方」可能象徵其背景設定不夠細膩或具體，看不出主角身處的社會文化或身世背景，因此用「空曠的地方」來形容。

解題思維

關鍵詞彙：面貌模糊的人、空曠的地方

思考重點：本句話的重點在於解釋「面貌模糊的人」和「空曠的地方」各有何象徵意涵，由此才能解釋出作家認為現代年輕人的作品有何缺點。

3.

参考答案

前人對「盆景」的描述
1. 明朝吳縣人王鏊《姑蘇志》：「虎丘人善於盆中植奇花異卉，盤松古梅，置之几案，清雅可愛，謂之盆景。」
2. 劉鑾《五石瓠》：「吾人以盆盎間樹石為玩，長者屈而短之，大者削而約之，或膚寸而結果實，或咫尺而蓄蟲魚，蓋稱盆景，元人謂之些子景。」

製作盆景很有名之處	姑蘇的虎丘
元人對盆景的稱呼	元朝人又將盆景稱為「些子景」，作者推測應取其「細小」之義。

解題思維

關鍵詞彙：盆景

思考重點：本段文字旨在介紹盆景，包括興起和興盛時代，以及盆景相關知識介紹。

4.

参考答案

張贊桃的燈光設計風格	林懷民形容張贊桃的燈光設計「輕聲細語，除非必要，絕不大聲號叫」，並描述其「典雅寫意，呼吸般起落」。	
台灣舞評和國外舞評對張贊桃的燈光設計評價	**台灣舞評**	**國外舞評**
	台灣的舞評在評論時，通常不會提到燈光。	外國的舞評大多盛讚張贊桃為大師。
張贊桃最喜歡的評價	他所設計的燈光讓人聯想起林布蘭的畫作風格。	
喜歡此評價的原因	從敘述中可看出張贊桃對林布蘭的喜愛，推知他的確受林布蘭影響極深，因此這樣的評價使張贊桃感覺遇到知音。	

解題思維

關鍵詞彙：張贊桃、燈光設計

思考重點：本段文字旨在介紹張贊桃的燈光設計，先從他的燈光設計風格講起，再講到台灣舞評和國外舞評對其燈光設計評價的差異，最後講到他的燈光設計風格和林布蘭畫作之間的關係。

5.

🔍**參考答案**

承認水裝太滿的原因	因為這 65% 英國人發覺自己所需要的水量,小於使用電水壺所煮的水量。
可能造成的後果	從「使用電水壺一天額外產生的能源消耗,足以點亮英國一個晚上所有的路燈。」中,可以知道他們使用電水壺所額外產生的能源消耗龐大,可能造成資源浪費。

🔍**解題思維**

關鍵詞彙:壺裡水裝太滿、額外的能源消耗

思考重點:本題是典型的科普說明文類,首句點出英國有 65% 的人承認「壺裡水裝太滿」此一現象,而次句則點明此現象造成何等的額外能源消耗。故釐清此兩點,即可掌握本段文字陳述的重點。

6.

🔍**參考答案**

人總是嚮往快樂而逃避苦痛的、人總是需要能得到立即性的快樂。

🔍**解題思維**

關鍵句子:

· 所以,我們寧願放掉功課而選擇看漫畫、滑手機,因後者帶來的快樂往往是立即的。

· 開心時大腦會分泌多巴胺,讓人容易重複相同的行為。

思考重點:選擇看漫畫、滑手機等帶來的快樂是立即的,因此本題的思考關鍵應該人對立即性快樂的追求,希望努力可以很快獲得回報。

7.

🔍**參考答案**

有些人樂於透過網路讓大眾窺視自己生活,他們具有被觀看的意識,且在網路直播中展現的生活可能因此帶有表演性質。

🔍**解題思維**

關鍵詞彙:在網路播放生活、樂於被窺視、希望被注意、有表演性質

思考重點:以一位美國男子在網路播放生活之例,推測這些人樂於被窺視、希望被注意且可能具有表演性質的心態。

8.

🔍**參考答案**

(1)本文以「高聲談話」形容旁若無人的狀態。

(2)1.電影場裡電燈初滅時,總還有大聲呼喊友伴的聲音。

2. 在戲院裡，演員的聲音被觀眾鼎沸令人如置身蛙塘的聲音給隱沒，就像在看啞劇。

3. 在旅館裡，前後左右的聲音像廟會般熱鬧，令人不到夜深休想安眠。

（3）

作者的評價	判斷依據
作者認為這種狀態十分怪異而不文明，普通談話時的音量應該保持正常即可。	・普通的談話令人聽見即可，而無須一定要力竭聲嘶的去振聾發瞶。 ・一個人大聲說話，是本能；小聲說話，是文明。 ・大概文明程度愈高，說話愈不以聲大見長。 ・可怪的是，在人煙稠密的所在，人的喉嚨還是不能縮小。 ・更可異的是，紙驢嗓，破鑼嗓，喇叭嗓，公雞嗓，並不被一般人認為是缺陷，而且「麻衣相法」還公然的說，聲音洪亮者主貴！

⊙解題思維

關鍵詞彙：高聲談話

關鍵句子：

・「旁若無人」的精神表現在日常行為上者不只一端，其中經常令人困惱的乃是高聲談話。

・一個人大聲說話，是本能；小聲說話，是文明。

思考重點：在本文中，作者旨在描述「高聲談話」這個狀態對人的困擾，中間也舉例說明。相反地，作者既厭惡高聲談話，就等於反向推崇輕聲細語，因此有了「一個人大聲說話，是本能；小聲說話，是文明」的見解，因此在閱讀本文時，也須注意作者想傳遞的正向意涵。

9.

⊙參考答案

（1）

外型	秋刀魚外體沒任何硬刺，不像許多魚有背刺、鰓蓋棘或尾柄鉤，多少讓獵食者受點苦頭。
生存水域	秋刀魚原生在高緯度的冷海水域
生物特色	秋刀魚肥美多油、體味重
適宜用途	秋刀魚適合作為餌料

（2）台灣遠洋漁船開發了庫頁島、北海道附近的漁場，秋刀魚漁獲因此暴增，人人都能輕易購買與食用，因此秋刀魚變得量多而價賤。

解題思維

關鍵詞彙：秋刀魚

思考重點：這是在介紹秋刀魚的一篇說明文，介紹生物的說明文通常會介紹到生物外型、生物特色、生存環境及條件等，而本篇則介紹到秋刀魚的外型、生存水域、生物特色及適宜用途，最後則說明秋刀魚在市場價格上改變的原因。

10.

參考答案

（1）

同時代的遊記特色	《徐霞客遊記》特色
多為短程地點旅遊，抒發個人內心感受的「小品」。	足跡遍及大江南北，記錄人文風俗、景觀地質等詳細觀察，內容豐富龐大的遊記與資料。

（2）

徐霞客的特質	相關證據
登山客的勇氣	途窮不憂，行誤不悔，暝則寢樹石之間，飢則啖草木之實，不避風雨，不憚虎狼。
探險家的毅力	不計程期，不求伴侶，以性靈遊，以軀命遊。
豁達的人生觀	在旅途中遭土匪洗劫一空，友死心慟，有人勸他返鄉，他仍堅定的說：「吾荷一鍤來，何處不可埋吾骨耶？」

解題思維

關鍵詞彙：徐霞客

關鍵句子：他不但有登山客的勇氣，還有探險家的毅力，更有豁達的人生觀。

思考重點：本文是介紹徐霞客的短篇文章，首段先說明晚明小品遊記的特色，接著帶出當時與一般遊記相異的《徐霞客遊記》來介紹本書及其人的特異之處。第三段主要點名徐霞客的勇氣、毅力及豁達人生觀，因此須確定哪些文句可點明他的這些人格特質。

11.

參考答案

（1）狂奔／傾／爆

（2）

風	到處吹著不緩不急的風，不是夏日海邊習習的涼風，帶著一層鬱燠的氣息，甚至是溫熱的，但又沒有一點溼意。
動物	螞蟻在牆角匆忙地奔走，隔壁院子裡的公雞奇怪地帶著小雛的母雞一起擠在雨廊下，很不安地東張西望，電線桿上的麻雀都不知飛到哪裡去了。
山景	山比平時更清朗更明亮，樹木歷歷可數，蒼翠裡彷彿鍍著一層銀光。

（3）1. 遙遠的海面正有一團黑黑的氣體向花蓮這個方向滾來，以一定的速度，挾萬頃雨水，撕裂廣大的天幕，正向這個方面滾來，空中的雲煙激越若沸水，海水翻騰搖擺，憤怒地向陸地投射。

2. 海岸上狂濤攻擊防波堤的號角和鼙鼓，一陣急似一陣，而天就這樣黑下來了。

3. 風將帶著巨量的雨水狂奔過小城的上空，把一些大樹連根拔起，把籬笆一一掀倒，把電線桿推翻，甚至把誰家將就的屋頂吹跑，把橋梁和鐵路移動一個位置，讓山石和泥濘傾入公路，堵住來往的交通。

解題思維

關鍵詞彙：颱風

關鍵句子：同上方二、三題所找的句子。

思考重點：本文最精彩之處是作者用細筆描繪「颱風前」、「颱風來臨時」及「颱風後」的景象，因此可以用這三個部分去找出作者是如何分別進行描述。找出後，即可釐清作者描述跟颱風有關的細節及其寫作手法。

12.

參考答案

	想　法	是否贊成小畢看法
小畢	面臨他人的惡意攻擊，不必有所回應，應當作自己成長的養分。	
阿文	如果他人施予的惡意攻擊多到足以成為養分，在你開始成長之前，早就承受不了。	☐ 贊成 ☑ 反對
凱哥	如果只是默默承受惡意，以為自己在累積養分，真正累積的不過只是負面能量。	☐ 贊成 ☑ 反對
小安	面對惡意攻擊，與其以牙還牙，隱忍並專注於自己的成長，會是更好的作法。	☑ 贊成 ☐ 反對

解題思維

關鍵詞彙：扔石頭、建高樓的基石、丟死、墓地

思考重點：要詮釋本題，首先須懂「扔石頭」、「建高樓」、「墓地」等詞在此處有何延伸意涵。首先，「扔石頭」一詞代表「他人的惡意攻擊」，而「建高樓的基石」象徵成功的基礎，故小畢認爲對於他人的惡意攻擊，我們應將之轉化爲讓我們自身更加強健的基礎，使我們足以通往成功。此處小安提及的「隱忍奮進」與小畢的意思相同。然而阿文提及的「丟死」和凱哥所說的「墓地」皆指他人的惡意攻擊也可能毀壞我們，因此他們都不贊成「不還擊」的做法，適度的抵抗也是一種自我保護的方式。

13.

🔍**參考答案**

（1）

景物	容易對焦者打 ✓，難以對焦者寫下原因
（A）雪地上的雪人 	雪人（主體）與背景色彩相近，皆為白色，因此難以自動對焦。
（B）欄杆後的盆栽 	自動對焦點同時覆蓋遠近主體（欄杆和盆栽），因此難以自動對焦。
（C）沙漠中的綠色仙人掌 	✓
（D）花色相同的馬賽克磁磚 	花色相同的馬賽克磁磚為重複圖案，因此難以自動對焦。

🔍**解題思維**

關鍵句子：

・與背景色彩相近的主體。

・自動對焦點同時覆蓋遠近主體。

・重複的圖案。

思考重點：本題即根據上面訊息，一一對照答案，選出可對焦之照片。

14.

🔍**參考答案**

（1）

| 97 年疾病的確定或可能順位 ||||
死因	順位	死因	順位
癌症	第 3 順位以上	慢性下呼吸道疾病	第 7 順位
心臟疾病	第 3 順位以上	高血壓性疾病	第 8 順位以下
肺炎	第 3 順位以下	腎臟疾病	第 9 順位以下
腦血管疾病	第 4 順位以上	慢性肝病	第 10 順位以上
糖尿病	第 5 順位	蓄意自我傷害	第 11 順位以上
事故傷害	第 6 順位		

🔍**解題思維**

思考重點：本題須對照甲區文字提示和乙區圖表，推測 97 年上述疾病的致死可能順位。

15.

🔍**參考答案**

甲	過去 12 個月，全球 15 ～ 48 歲有過伴侶的女性中，有 18% 的女性遇到來自伴侶的身體或性暴力。
乙	2019 年時，女性佔全球 39% 的勞動力，但是僅佔全球 27% 的管理職位。
丙	2019 年全球女性國會議員佔比 24%，較 2010 年的 19% 略微上升。
丁	根據 2018 年調查，南亞仍有 30% 的 20 ～ 24 歲女性在 18 歲前結婚。

16.

🔍**參考答案**

（1）圈出在本故事中產生互動的主角（如下方藍字及▢▢處）

（2）請將適當的主詞或受詞填入括號中，也寫出文中代詞所代的人、事、物

秦王 與 中期 爭論，（ 秦王 ）不勝（ 中期 ）。秦王 大怒，中期 徐行而去。或為 中期 說 秦王 曰：「悍人也，中期！（ 中期 ）適遇 明君 明君故也。向者遇桀、紂，必殺 之（ 中期 ）矣。」秦王 因不罪（ 中期 ）。

（3）

原句	翻譯
秦王與中期爭論，不勝。	秦王和大臣中期爭論，結果秦王辯不過他。
秦王大怒，中期徐行而去。	秦王因此勃然大怒，中期則從容不迫地離開。
或為中期說秦王曰：「悍人也，中期！」	有人為中期向秦王說情：「中期性情強悍，直言無忌」
適遇明君故也。	幸好遇到賢明的君主
向者遇桀、紂，必殺之矣。	如果他生在從前夏桀、商紂的年代，一定會被殺。
秦王因不罪。	秦王聽到這番話，因此便不再怪罪中期。

（4）

秦王的情緒反應	沒有對中期下手的原因
憤怒	被為中期說情的人給說服，不願意被比做桀、紂

17.

Q參考答案

姜白石詞	原文	翻譯
優點	古今詞人格調之高，無如白石。	古今詞人作品的格調，沒有人比姜白石還要高。
缺點	惜不於意境上用力，故覺無言外之味、弦外之響。	可惜他不在意境上下功夫，所以讓人覺得沒有言外餘味、弦外餘響。
最終地位	終不能與於第一流之作者也。	終究不能列入第一流的作者。

18.

Q參考答案

（1）

採茶開始和結束時間	翻譯
擷茶以黎明，見日則止。	採茶要從天將亮的黎明時候開始，到太陽高掛天空後就停止。

（2）

使茶葉保持鮮潔的方式	翻譯
用爪斷芽，不以指揉，慮氣汗薰漬，茶不鮮潔，故茶工多以新汲水自隨，得芽則投諸水。	用手指甲截斷茶芽，而不以手指搓揉，因為擔心手指上的氣味與汗水容易使茶葉就不再新鮮潔淨，所以茶工採茶時，通常隨身攜帶剛從井中汲取的水，收穫茶葉後就立即投入水中。

（3）(C) 芽如雀舌、穀粒→ (A) 一槍一旗→ (B) 一槍二旗→ (D) 其它
（4）白合不去除會破壞茶的味道，烏蒂不去除則會破壞茶的色澤。

19.

🔍**參考答案**

（1）

姜白石詞	原句	翻譯
對天地養育之恩的反應	有覆於上者如天，載於下者如地，而百姓不之知。	上天覆蓋萬物，大地承載一切，百姓卻沒有察覺到天地養育之恩。
對別人施予小小恩德的反應	有恩信及一物，教化及一夫，民則歸之。	有恩澤與教化及於人民，人們就依附之。

（2）人民面對天地養育之恩以及他人略施恩德的態度截然不同，作者用這兩種態度的對比，來凸顯人們只能察覺外人短暫幫助，卻不知感恩天地長期滋養的荒謬態度。

20.

🔍**參考答案**

（1）說書人
（2）小鼓兒顫杖輕敲，寸板兒軟手頻搖。一字字臣忠子孝，一聲聲龍吟虎嘯。快舌尖鋼刀出鞘，響喉嚨轟雷烈炮。

21.

🔍**參考答案**

（1）圈出在本故事中產生互動的主角（如下方藍字及▢處）
（2）請將適當的主詞或受詞填入括號中，也寫出文中代詞所代的人、事、物

> 有[道士]講經茅山，聽者數百人。有[自外入者]，大罵曰：「道士奴！天正熱，聚眾造妖何為？」[道士]起謝曰：「居山養徒，資用乏，不得不爾。」[罵者]怒少解，曰：「須錢不難，何至作此！」（ 自外入者 ）乃取釜灶杵臼之類，得百餘斤，以少藥鍛[之]（ 釜灶杵臼 ），皆爲銀，（ 自外入者 ）乃去。後數年，[道士]復見[此人]從一[老道士]，鬚髮如雪，騎白驢，[此人]腰插一驢鞭從[其]（ 老道士 ）後。[道士]遙望叩頭，欲從[之]（自外入者／此人 ）。[此人]指[老道士]，且搖手作驚畏狀，（ 自外入者／此人 ）去如飛，少頃即不見。

（3）走入道士講經場合，大罵道士妖言惑眾，得知道士只是爲了賺取養徒的資金，他對道士說需要錢並不難，接著拿出達百餘斤的鍋子、灶、杵、臼等器物，用一點藥鍛鍊成銀子，便離開了。過了好幾年，道士又看見這個人，腰間插著驢鞭，跟隨一位身騎白驢、髮鬚雪白的老道士。看見道士向他叩頭，想要跟隨，他指指老道士，驚畏地搖搖手後，迅速離開並消失了。

22.

⟳參考答案

（1）

結構	詩句	本段重點
1. 冬日之景	杲杲冬日出，照我屋南隅	明亮冬日照耀屋内之景
2. 作者所做之事	負暄閉目坐，和氣生肌膚	閉目曬日時，肌膚所感受到的日光之溫暖。
3. 冬日曬太陽的感受描寫	初似飲醇醪，又如蟄者蘇。外融百骸暢，中適一念無。曠然忘所在，心與虛空俱。	以飲酒與驚蟄為喻，描寫處於冬陽之下的身心舒適。

（2）作者描述在冬天曬日所感受到的暖和與舒暢，藉以抒發閒適自得之情。

（3）

詩體	判斷依據
□五言律詩 ☑五言古詩	本詩一韻到底，總共十句，為五言古詩。

綜合練習四

1.

參考答案

對象	進行的學習	能學習的原因
默默耕耘者	等待	默默耕耘的人並不急於看到成果，也不在意他人是否注意到自己正在耕耘，他們只專注於當下的努力，並願意讓種下的努力，在最適當的時機收穫。因此，可以從他們身上學習「等待」的美德。
堅持不懈者	勇敢	追求目標的過程中，面對全然的未知，以及遭遇無數挫折與阻礙的可能，堅持不懈的人並不害怕，仍然持續前行，因此可以向他們學習這份「勇敢」的精神。
高傲的人	彎腰	高傲的人認為沒有人比自己更好，因此也不願意再向他人學習，但卻可能因此遭逢失敗。因此，我們在見到高傲的人時，可以藉此提醒自己，飽滿的稻穗反而謙虛地將頭低垂，我們應當永遠保持謙虛的「彎腰」狀態。
奢靡的人	簡樸	奢靡的人要求擁有最華美的一切，但也可能因此永遠無法填滿自己心中慾望的溝壑，反而使自己擁有的事物愈來愈少，或者招致嫉妒與攻擊。於是，我們在遇見奢靡的人時，也可作為自我省思的機會，提醒自己保持「簡樸」的心靈與生活，珍惜手中擁有的一切，才是最富足的狀態。

解題思維

關鍵詞彙：默默耕耘者、等待、堅持不懈者、勇敢、高傲的人、彎腰、奢靡的人、簡樸

思考重點：本句話的重點在於解釋向「默默耕耘者」學習「等待」、向「堅持不懈者」學習「勇敢」、從「高傲的人」身上學到「彎腰」、從「奢靡的人」身上學到「簡樸」四者的原因，因此須清楚四組關鍵詞彙兩者之間的因果關係。

2.

參考答案

每個人各有所長，所以如果能挖掘個人擅長之處，放對位置，那人人都可成為不同面向的人才。

解題思維

關鍵詞彙：人才、放錯位置、庸才

思考重點：本句的重點是要延伸解釋，反向推測應如何使每個人的才能妥善發揮。

3.

參考答案

適合填入的詞語	原因
■ 分離 □ 收納 □ 時間 □ 理想	從題幹「不難發現囤積者的生命都承受著失落與喪慟」、「囤積，其實是一種無法割捨的情感阻礙」以及「只有透過囤積，他們以為自己並未失去什麼」三句，可見囤積者實際上無法處理的是「情感上的失去」，因此最符合的選項就是「分離」。

解題思維

關鍵詞彙：囤積、失落、失去

關鍵句子：

‧ 不難發現囤積者的生命都承受著失落與喪慟。

‧ 囤積，其實是一種無法割捨的情感阻礙。

‧ 只有透過囤積，他們以為自己並未失去什麼。

思考重點：從上述關鍵詞和關鍵句可看出一個人會產生「囤積」行為是逃避「失去」的痛苦，故能延伸推論出囤積者無法處理的是「分離」。

4.

參考答案

這項實驗設計，印證人們對一個人的評價與判斷，容易受到先入為主的既定印象與成見所影響。

解題思維

關鍵概念：身分、對一個人的印象

思考重點：本題是典型的科普說明文類，文中並無關鍵詞彙或句子可直接引用，只能去尋找關鍵概念。在此實驗中，兩組受試者同時被告知一個照片者的「身分」，讓他們產生一個「先入為主的想法」，而後他們對此人的印象描述便明顯受此想法的影響。故本段文字即在闡述我們對一個人的印象，可能會受到那人的身分影響，而因為一個人的身分就會讓我們產生一些先入為主的想法，進而影響我們的判斷。

5.

參考答案

攝影是否為 絕對客觀的創作	作者提出此見解之因
□ 是 ☑ 不是	作者認為，攝影擁有和其他藝術共通的創作元素，即「主觀的選擇」。攝影者捕捉的畫面，必定是通過他主觀意識的選擇、安排與呈現，因此攝影並不能算是絕對客觀的創作。

解題思維

關鍵詞彙：攝影、主觀選擇

關鍵句子：

· 是忽略了攝影和其他藝術共通的創作元素：主觀的選擇。

· 必須通過人的意識選擇安排而呈現，絕對的客觀便失去了意義。

思考重點：本文強調攝影也須經過主觀意識的選擇和安排，故稱不上絕對的客觀。

6.

參考答案

作者認為讀書不應……	空格處可填入的字
作者認為讀書不應該執著於鑽研文章細節，過度分析會讓文本脫離意境。	追根究柢、尋根究底、窮原竟委、逐字細解

解題思維

關鍵句子：窮研細究，把通篇文章分析得支離破碎，結果往往化甘旨為嚼蠟，脫離了意境。

思考重點：根據上面重點句，即可明白作者認為讀書不應該分析得太瑣碎，因此就能反推出首句空格可填入的字詞。

7.

參考答案

（1）1. 引擎推動，令飛機產生前進的速度。

　　 2. 機翼因此產生升力，承托飛機飛行。

（2）1. 跑道有順風

　　 2. 地面氣溫較高

　　 3. 機場位於海拔數千呎

（3）

所需跑道最短的機場	原因
(D)	由文章內容可推測出，結合「逆風」、「地面溫度低」、「海拔較低」這些條件，機場的跑道可較短，因此選擇D機場。

解題思維

關鍵詞彙：飛機、起降、機場

思考重點：本文也是典型的說明文，重點在交代飛機起降時，飛機與機場之間的關係，會因應機場該地的天氣與地理環境而有所差異。因此閱讀本文，須以釐清此間差異為要點，方可進行答題。

8.

參考答案

（1）

歷史	過去人類的所有活動。
歷史學	從史料所能復原過去人類的所有活動。
歷史學的本色	從各種史料中，不斷進行研究和比較，以逐步接近真實。

（2）根據作者推測，太史公是如何得知那麼多私人對話，進而引述進《史記》之中？作者又如何做下這個推論？

太史公得知前人對話的可能原因	作者做出這個推論的證據
因為在太史公之前的人是這麼記載或傳說的。	因為有些太史公根據的史料，今天都還能見到。

（3）證明不斷進行研究和比較，逐步接近歷史的真實，就是歷史學的本色。

（4）如果不相信史料上的記載，就拿出更可靠的證據來進行研究和比較，如此歷史學才能不斷進步。

（5）我們不可能百分之百得知過去人類所有活動的歷史，只能透過對史料的研究和比較，來了解過去人類活動中相對真實的部分，以逐步接近歷史的真實。

解題思維

關鍵詞彙：歷史學

關鍵句子：

・從各種史料中，不斷進行研究和比較，逐步接近真實，這就是歷史學的本色。

・因為這世上從來無法得到「真實的歷史」，我們所能得到的只有「歷史的真實」。

・歷史學講究「持之有故，言之成理」。

思考重點：本文在介紹「歷史學」的本色，後方引《史記》例子也在說明歷史學便是從各種史料中不斷進行研究比較，逐步接近歷史真實的一門學科。故本文在首段已點出所有重點，後方是引例做說明，並以「歷史學須言之有證」為結論。

9.

◯參考答案

（1）

「貧瘠的土地可能是富饒的鄉野」之因	挖掘出藏於鄉野珍寶的方法
作者認為人們對鄉野的品味展現個人不同的審美能力，並以看似無趣的堪薩斯平原、山麓丘陵、玉米田為例，在某些人眼中乏味單調的鄉野，在另一些人眼中，卻能看見「喘著氣的牛隊在草原之海破浪前進」、「啁啾的冠藍鴉」與「打招呼的雁鳥」。鄉野之間蘊藏著這些豐富美好的景色，如果擁有特別的審美能力，就能在看似平凡的鄉野間，欣賞富饒的生命力。因此，作者才會說「貧瘠的土地可能是富饒的鄉野」。	如果想發掘這些藏於鄉野之間的珍寶，必須在鄉野生活，並且和鄉野一起生活。

（2）

	句子	修辭技巧
【甲】	例如一個我所知道的湖岸，整個白日，你會以為那只是供浪花拍擊的所在，那是船無法泊近的一條黑色緞帶	譬喻
【乙】	稍後，做晚餐的煙懶洋洋地飄浮在小灣之上	轉化
【丙】	鄉野和人一樣，尋常的外觀下常常掩藏著不凡的珍寶	映襯
【丁】	當一隻雁從天空向一片單調、無精打采的三月玉米田打招呼時，玉米田便不再單調和無精打采了	轉化

◯解題思維

關鍵詞彙：貧瘠的土地、富饒的鄉野

關鍵句子：

・貧瘠的土地可能是富饒的鄉野。

・這是一塊貧瘠、窮乏的土地，但卻是一片豐饒的鄉野。

・和對歌劇或油畫的品味一樣，人們對鄉野的品味展現個人不同的審美能力。

・鄉野和人一樣，尋常的外觀下常常掩藏著不凡的珍寶，倘使你想發掘這些珍寶，必須在鄉野生活，並且和鄉野一起生活。

思考重點：本文重點在解釋為何「貧瘠的土地」可能是一片「富饒的鄉野」，除了實際寫景說明外，也點出如何看出鄉野間暗藏的珍寶。

10.

🔄 **參考答案**

（1）先讓精力充沛的黃藥師和郭靖過招，再讓都打過一場的洪七公和郭靖對決，比較黃藥師與洪七公分別在第幾招打敗郭靖，藉此分出勝負。

（2）1. 可以立刻開啟對決，節省時間。

2. 可以不讓精力充沛的黃藥師佔了剛剛打過一場的洪七公便宜。

3. 不直接對打，讓黃藥師與洪七公這兩位多年好友不至於傷了和氣。

🔄 **解題思維**

關鍵句子：

‧你適才跟老毒物打了這麼久，雖然說不上筋疲力盡，卻也是大累了一場，黃某豈能撿這個便宜？

‧時聽她言語，似乎倒有一個妙法竟可三全其美，既能立時動手，又可不讓黃藥師占便宜，而且還能使兩家不傷和氣。

‧爹爹先跟郭靖過招，瞧在第幾招上打敗了他，然後師父再與郭靖過招。若是爹爹用九十九招取勝，而師父用了一百招，那就是爹爹勝了。倘若師父只用九十八招，那就是師父勝了。

思考重點： 本段文字在描寫華山論劍時，黃藥師和洪七公兩位好友必須比試出高下，但兩人卻有諸般顧慮沒有直接進行比試，黃蓉想到一個好辦法可免兩人的交情受損，且公平的比試方式。因此此法為何，具有哪些好處，即是本段文字的閱讀重點。

11.

🔄 **參考答案**

（1）

【甲】： ＿＿＿被鍊著的人＿＿＿

【乙】： ＿＿＿舉雕像的人＿＿＿

【丙】： ＿＿＿＿營火＿＿＿＿

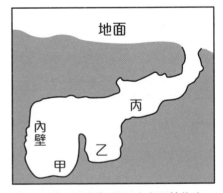

（2）走出洞穴後的人得到啟蒙，看見真相，但當他回到洞穴內想要把同伴拉出洞外，卻無法被洞內人群所理解，這象徵著孤獨的先行者，雖然看見真實，卻沒辦法被仍處於昏昧之中的大眾認同。

（3）洞穴中的人們因為自己沒有見識過世界的真相，因此不願相信那個走出洞外的人。柏拉圖藉由這則洞穴寓言，指出人們常常囿於眼界，只相信眼前事物，卻忽略自己看見的可能並非真實。

解題思維

關鍵句子：

・對那些被鍊著的人來說，這些影子是真實的事物。他們無事可做，只能談論這些影子。

・如果被鍊著的人中有一人被釋放，得以起身走出洞穴。陽光會讓這個人感到極大的痛苦，因為他只習慣於黑暗。等他習慣了光線，看見遮蔽物後真正發生的事情，他就能發現真相，得到啟蒙。

・當這個人再回到洞內，試著告訴其他人外界的真相，其他人卻很可能無法理解並認為這個人是瘋狂的。就算這個人將他們釋放，想拉他們走出洞穴，他們依然只願相信內壁上的影子才是真實，甚至可能將這個人殺死。

思考重點：本文先描述一群在洞穴中人的狀態，因此在閱讀第一段時，要將本段文字轉成圖像，將作者所述轉成腦海中的畫面，才能掌握後方作者想描述的重點。至於作者想說明的道理集中在後兩段，因此須透過後兩段文字思考：為何一個人走出洞穴會感到痛苦？而這個習慣光線，看見真相被啟蒙的人，為何重新走入洞穴中告訴大家真相，卻不能被接受？

12.

參考答案

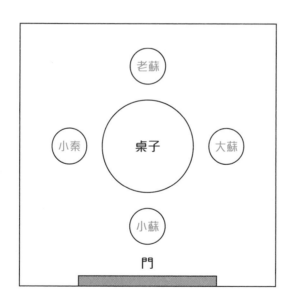

解題思維

思考重點：小秦（客人）到朋友大蘇家（主人）作客，爸爸老蘇（長輩）和弟弟小蘇（副陪）同席。

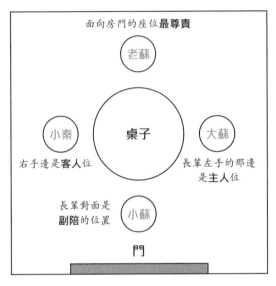

13.

參考答案

（1）1. 剪斷海龜頭部釣魚線的並不是海豹，而是攝影師團隊。

2. 海龜遭到釣魚線纏繞掙脫的動作吸引了海豹，海豹不是因為救援，才抱著海龜。

（2）

問題類型	判斷依據
誤導	將文中所提到「臺灣新聞媒體卻忽略及美化了該行為，也捏造原文並未描述的事實」，對應媒體新聞查核分類表，可知此則網路新聞報導的問題為「資訊錯誤使用，以形塑某個人物或事件的樣貌」，屬於誤導。

解題思維

關鍵句子：

· 剪斷海龜頭部釣魚線的並不是海豹，而是攝影師團隊。

· 海龜遭到釣魚線纏繞掙脫的動作吸引了海豹，海豹不是因為救援，才抱著海龜。

· 貝亞特的部落格原文描述海豹的「擁抱」是「騷擾」的不當行為。

· 台灣新聞媒體卻忽略及美化了該行為，也捏造原文並未描述的事實。

思考重點：本文是典型的素養題，透過一則網路新聞，再依據其查核事實，要孩子們去判斷該新聞的問題屬於哪一類。故孩子們須根據「查核事實」下的文字去進行釐清和判斷，即可回答該題。

14.

Q**參考答案**

（1）

維修內容相關敘述	請勾選最恰當的，並寫出其他選項不恰當處
（A）可電話預約時間，專人到府收件	根據「維修流程」的說明，可知沒有提供這樣的服務。
（B）維修費用依家電的大小而有不同	根據「維修項目」區塊的備註說明，每件酌收 50 元工本費，維修費用並不會因家電大小而有所不同。
（C）只要維修合於規定的家電，都需繳交工本費	✓
（D）領件時若未攜帶取貨聯單，可以維修單代替	根據「維修流程」的說明，只有提到領見時要攜帶取貨聯單，並沒有提到可以維修單代替。

（2）

描述內容	請勾選敘述正確的，並寫出其他人說錯的地方
小強：週一 14:00 送修烘碗機，週四 09:00 就拿到了	烘碗機不在提供維修的 10 種家庭用小家電項目內。
小顏：週三 10:00 送修咖啡壺，週五 13:00 就領件了	週三是診所的休診日，沒有辦法送修咖啡壺。
小燕：週六 16:00 送修電子鍋，接到通知後憑取貨聯單領回	✓
小龍：週二 08:00 送修吸塵器，先繳交 50 元特殊材料費才能檢修	繳交的 50 元是工本費，不是特殊材料費。

Q**解題思維**

思考重點：本類型的題目大多屬於細節題，會考驗學生是否能看懂題目中陳述的細節。因此在思考本題時，須先將家電診所的維修說明大致閱讀過，包括維修項目、維修流程、收領件時間，這些都是本維修說明的重點。接著在閱讀兩題中的項目，一一回相關說明進行對照，找出最適選項。

15.

🔄**參考答案**

（1）

朝堂上設立之物及益處	翻譯
古之治天下，朝有進善之旌，誹謗之木，所以通治道而來諫者。	古時君主治理天下，朝廷會裝置象徵進納善言的旗子，以及任人書寫諫言的木牌，用以暢通治國途徑，並招徠進諫之人。

（2）

危害國家之事物及其危害	翻譯
今法有誹謗妖言之罪，是使眾臣不敢盡情，而上無由聞過失也。將何以來遠方之賢良？	現在的法令中，設立誹謗朝廷、妖言惑眾的罪名，大臣們因此不敢說出真心話，在上位者也因此無法藉此了解自己的過失。怎麼能夠招徠遠方的賢良之士呢？

16.

🔄**參考答案**

（1）

原文	翻譯
必備匙箸兩副，食前多品。擇取欲食者，以別箸取之，置一器中，食之必盡。飯前以別匙分而另置，始膳。	一定會準備兩副湯匙和筷子，餐桌上有許多道菜餚。他會先用一副筷子夾取自己想吃的食物，放到自己的盤子中，並且一定會吃完。吃飯前也一定會用另一副湯匙把食物分好，另外放置，再開始用餐。

（2）

原文	翻譯
不欲以殘食與宮人食也。	不想要讓宮中其他人吃我剩下的食物。

17.

🔄**參考答案**

（1）

原文	翻譯
熬前挹水必限以數，使其勺不能增，滴無可減。	熬粥之前加入的水一定要控制分量，讓粥不必再加水，也不必再減少水。

18.

參考答案

（1）

往歲士人	在寫文章時喜歡放入對偶文句，以駢文為主（多尚對偶為文）。
穆脩、張景	在寫文章時不會刻意放入對偶文句，開始寫古文（始為平文，當時謂之古文）。

（2）

	敘事角度
穆脩	以馬的角度出發，描寫馬在奔跑時踩死一隻黃犬。
張景	以狗的角度出發，描寫有一隻狗被奔跑的馬兒踩死。

（3）

相關文句	翻譯
時文體新變，二人之語皆拙澀，當時已謂之工，傳之至今	當時文體剛產生轉變，兩人的文字都算樸拙青澀，但在當時已經算是寫得很好了，所以其文句流傳至今。

19.

參考答案

（1）魏帝想要殺了獨攬大權的司馬昭，卻被賈充、成濟等人殺害，朝廷內外因此議論紛紛，司馬昭召集群臣進行討論，陳泰不得已入宮參與商議，見到司馬昭便悲痛欲絕。司馬昭問陳泰如何讓此事能夠平息，陳泰認為只有殺了賈充才足以向天下人謝罪，這是最起碼的處置方式。

（2）針對這件事情的嚴重性，殺賈充是跟天下人謝罪最起碼的方式。只有更嚴格的處理方式，沒有更輕微的處置方式。

20.

🔍**參考答案**

（1）圈出在本故事中產生互動的主角（如下方藍字及☐處）

（2）請將適當的主詞或受詞填入括號中，也寫出文中代詞所代的人、事、物

王起主文柄，欲以白敏中為狀元，（ 王起 ）病其（ 白敏中 ）與賀拔惎為友。惎有文而落拓。（ 王起 ）乃密令門人申意，俾敏中與惎絕。門人復約敏中，具以告之（ 白敏中 ）。敏中曰：「皆如（ 王起 ）所教。」既而惎果造門，左右欺（ 賀拔惎 ）以敏中他適，惎遲留不言而去。俄頃，敏中躍出，連呼左右召惎，（ 白敏中 ）悉以實告（ 賀拔惎 ），（ 白敏中 ）曰：「（ 白敏中 ）一第何患不致，奈輕負至交！」（ 白敏中 ）相與（ 賀拔惎 ）歡醉。門人睹之（ 白敏中與賀拔惎歡醉 ），大怒而去。（ 門人 ）懇告於起，且云（ 白敏中 ）不可必矣。起曰：「我原只得白敏中，今當更取賀拔惎矣。」

（3）

原句	翻譯
王起主文柄，欲以白敏中為狀元，病其與賀拔惎為友	王起主持科舉考試，想要錄取白敏中為狀元，但不滿他和賀拔惎當朋友。
惎有文而落拓	賀拔惎有文采卻行跡放任，不受拘束。
乃密令門人申意，俾敏中與惎絕。門人復約敏中，具以告之	於是王起私下命令門人轉告白敏中，希望他和賀拔惎絕交。門人約了白敏中，完整告知他這件事。
敏中曰：「皆如所教。」既而惎果造門，左右欺以敏中他適，惎遲留不言而去	白敏中說：「全部依照吩咐。」不久後，賀拔惎果然登門造訪，白敏中的僕人騙他說敏中出門去到別的地方，賀拔惎停留一下之後，安靜離去。
俄頃，敏中躍出，連呼左右召惎，悉以實告，曰：「一第何患不致，奈輕負至交！」相與歡醉	過了一下，白敏中跑出門外，請僕人把賀拔惎請回來，把事實全部告訴他，說：「何必擔心不能及第，怎麼能輕易辜負最好的朋友！」兩人於是一同暢飲而醉。
門人睹之，大怒而去。懇告於起，且云不可必矣	王起的門人看到，生氣地離開了。他把這件事告訴王起，並且說他們不可能絕交。
起曰：「我原只得白敏中，今當更取賀拔惎矣。」	王起說：「我原本只打算錄取白敏中，現在更應該同時錄取賀拔惎了。」

（4）因為白敏中如此重視與賀拔惎之間的友誼，重視程度甚至超越狀元及第的頭銜，因此王起認為賀拔惎一定很了不起，所以也想要同時錄取他。

21.

🔍**參考答案**

（1）吳錢 ＞ 鄧通錢 ＝ 四銖錢

（2）

另有「吳錢」和「鄧通錢」之因	後來禁鑄錢之因
當時朝廷開放人民可以私自鑄錢，因此吳王和鄧通都能鑄錢。	吳王靠著私鑄錢幣富可敵國，後來甚至謀反叛逆。身為大夫的鄧通也因此富甲天下，他們的錢幣遍布全國，於是後來有了鑄錢的禁令。

22.

🔍**參考答案**

（1）

結構	詩句	本段重點
1. 大地之景	野火燎荒原，霜雪日皜皜。牛羊無可噍，眾綠就枯槁。天地心不泯，根芽蟄深杳。春風一披拂，顏色還媚好。	大地即使變得荒蕪枯槁，天地化育萬物之心仍然會帶來春風，讓它們回復美好樣貌。
2. 現實人間的艱困	如何被兵地，黎庶不自保。高門先破碎，大屋例傾倒。間或遇茅舍，呻吟遺稚老。常恐馬蹄響，無罪被擒討。逃奔深谷中，又懼虎狼咬。一朝稍甦息，追胥復紛擾。	而現實人間中，因戰亂而引起的各種殘破傾頹，卻彷彿永無止盡。
3. 作者心得	人生值艱難，不如路傍草。	人世如此艱難，還不如路邊雜草。

（2）本詩作者以大自然的生機復甦與人間無法復甦的社會慘況作為對比，無奈感嘆人類自身對群體所造成的殘害使得人生如此艱難，竟不如路邊野草。

（3）從「人生值艱難，不如路傍草」中可以感受到，作者先描寫大地可能遭受的肆虐，野火、霜雪所造成的荒涼景象，其實就如同人間戰亂時候可能遭受的一切破壞。但又指出，人間不如大地，並不擁有復甦生機的機會。這樣的書寫手法是為了使兩相比較之下而產生的對比更為強烈，人們平日對於「路邊小草」可能毫不在意，一生都在經營人生裡的權力與金錢。可是，人間卻也因此擁有戰爭、貧富差距、貪官汙吏等等存在，使得人間境況甚至不如一株路旁小草的命運。

加入晨星

即享『 50 元 購書優惠券 』

── 回函範例 ──

您的姓名： 晨小星

您購買的書是： 貓戰士

性別： ●男 ○女 ○其他

生日： 1990/1/25

E-Mail： ilovebooks@morning.com.tw

電話／手機： 09××-×××-×××

聯絡地址： 台中 市 西屯 區

工業區 30 路 1 號

您喜歡：●文學 / 小說 ●社科 / 史哲 ●設計 / 生活雜藝 ○財經 / 商管
（可複選）●心理 / 勵志 ○宗教 / 命理 ○科普 ○自然 ●寵物

心得分享： 我非常欣賞主角⋯

本書帶給我的⋯

"誠摯期待與您在下一本書相遇，讓我們一起在閱讀中尋找樂趣吧！"

國家圖書館出版品預行編目（CIP）資料

國中會考閱讀素養課【修訂版】／梁虹瑩著. -- 二版. -- 臺
中市：晨星出版有限公司, 2023.12
　　320面；16.5 × 22.5公分. --（Guide book；384）
　ISBN 978-626-320-660-1（平裝）

　1.CST：國文科 2.CST：閱讀指導 3.CST：中等教育

524.31　　　　　　　　　　　　　　　　112016487

Guide Book 384

國中會考閱讀素養課【修訂版】

帶你從「有讀沒有懂」到「一讀就懂」，
進而培養出自我思辨能力！

作者	梁虹瑩
編輯	余順琪
編輯助理	林吟築
校對	陳冠穎
封面設計	耶麗米工作室
內頁設計	張蘊方
內頁排版	林姿秀

創辦人	陳銘民
發行所	晨星出版有限公司
	407台中市西屯區工業30路1號1樓
	TEL：04-23595820　FAX：04-23550581
	E-mail：service-taipei@morningstar.com.tw
	http://star.morningstar.com.tw
	行政院新聞局局版台業字第2500號
法律顧問	陳思成律師
初版	西元2021年05月15日
二版	西元2023年12月15日

讀者服務專線	TEL：02-23672044 / 04-23595819#212
讀者傳真專線	FAX：02-23635741 / 04-23595493
讀者專用信箱	E-mail：service@morningstar.com.tw
網路書店	http://www.morningstar.com.tw
郵政劃撥	15060393（知己圖書股份有限公司）

印刷	上好印刷股份有限公司

定價 399 元
（如書籍有缺頁或破損，請寄回更換）
ISBN：978-626-320-660-1

Published by Morning Star Publishing Inc.
Printed in Taiwan
All rights reserved.
版權所有 · 翻印必究

| 最新、最快、最實用的第一手資訊都在這裡 |